AF416829

Felicidad permamente

José María Aristimuño P.

Felicidad permanente
José María Aristimuño P.

1a edición: marzo 2015

© Ediquid, 2015
Correo electrónico: contacto@ediquid.com

ISBN: 978-980-7641-12-8
Depósito legal: lf5272015131642

Diseño de portada por Virginia Palomo Rosendo

Felicidad permanente

José María Aristimuño P.

EDIQUID

Había una vez... así comienzan las historias que tienen epílogo... vivieron felices para siempre. Una evocación, una pertenencia. La *felicidad* es una palabra que nos interesa a todos por igual, comenzamos a oírla con los primeros soplos de aire frente a personas mayores. «Cumpleaños feliz», donde los estímulos pasan de los mimos, caricias y besos, a las recompensas materiales dándole a la felicidad su justo valor.

El argumento que intenta romper la felicidad permanente, al menos en las religiones judeocristianas, comenzó el día en que a Eva y Adán los hicieron abandonar el Paraíso. Allí comenzaron las angustias, empezó el hombre a ser prisionero de su pensamiento, sin saber a dónde ir. Si antes no pensaba sobre su futuro, este problema lo puso en ascuas: «¿Y ahora qué hago?» Empezó a deambular pensando en principio que todo había acabado con el mordisco a una manzana roja, y una discusión con una serpiente pendiente del mal como argumento y su relación acerca de la fuente de la felicidad: la eternidad. La pregunta obvia: ¿Qué estoy haciendo aquí?

El Edén, el Olimpo y el Cielo siempre han sido los lugares comunes donde viajan los personajes de los finales felices que se supone existen y que de alguna manera nos preparamos para alcanzarlos, sintiendo en carne propia que nos pertenecen.

No hay idea que produzca el hombre que no involucre la felicidad. Es el término equidistante de lo que se quiere obtener. A veces estamos a punto de lograrla, y al alcanzarla, así sea por un instante, nos regocijamos en ella.

El ser humano todo el tiempo está frente a una encrucijada. Imaginémoslo detenido frente a una casa muy grande, donde existen cantidades de puertas que se abren y se cierran, pero tenemos el ahínco de continuar siempre adelante con el manojo de llaves probando una a una, hasta conseguir la que coincida con la cerradura del amor imperecedero e infinito. Lo increíble, por extraño que sea, que no importa el tamaño de la puerta y menos el de la llave, que inclusive puede darse el caso de ser mayor que la puerta, ni el tiempo que ésta permanecerá cerrada y cuánto tendremos que esperar para que un halo de luz o un minúsculo soplo de brisa nos dé la señal que se abrirá y que nos conducirá por el sendero acertado. Así es la felicidad, lo interesante es no quedarnos frente a la puerta pensando qué hacer: puerta que se presente, llave que probamos.

La representación de San Pedro para los católicos es un vivo ejemplo de gendarme del cielo sentado a sus puertas, es la idea central del paso previo antes de tener el todo.

A medida que desarrollamos nuestras capacidades empezamos a tener niveles de percepción diferentes que nos hacen entender nuestras propias conclusiones, que de nada valen sino encierran la idea de evolución permanente en sintonía con el cosmos. El hombre, como centro del universo finito y en expansión por analogía, involucra en sí mismo el concepto de la felicidad y como ser antropomorfo tiene un pragmatismo total, dado éste por situaciones ambientales y psíquicas que solo son dominadas cuando nos encontramos frente al ente superior, el Creador, disminuido por las causas antes descritas.

> A medida que desarrollamos nuestras capacidades empezamos a tener niveles de percepción diferentes que nos hacen entender nuestras propias conclusiones, que de nada valen sino encierran la idea de evolución permanente en sintonía con el cosmos.

La *inteligencia pura,* frase osada, en contraposición a la *ignorancia impura.* La primera funciona como el ápice de un modelo perfectible, es quien supuestamente domina en sí misma todos los campos de la felicidad, la segunda, mientras menos sepas, conozcas, ni te enteras, vale la intuición animal, avanzas dentro del ambiente casi genéticamente para sobrevivir. Los dos usan los sentidos como las puertas de comunicación, al igual que aquellos seres que están fuera de todo contexto de la realidad que los circunda y tienen una sonrisa que no transmite nada a través de esos grandes espejos del alma, los ojos. Magos de esta expresión son los orientales, quienes pueden querer matarte, pero no abandonan esa expresión facial de sonrisa vacía.

La mirada tiene toda la información de lo que un momento determinado estemos pensando o sintiendo, puede expresar desde el dolor más profundo del alma hasta la expresión de felicidad de unos padres cuando un hijo balbucea *papá*. «Mírame», lo que queremos todos cuando nos hablan, «vea la cámara» cuando se dirija a los televidentes, quieres tener fuerza para convencer, entonces cuando observas con pasión se abren una cantidad de compuertas que desarticulan las entrañas de algunas ideas equivocadas que pueden tener los otros de uno mismo. Es difícil sostener la mirada, dicen algunos «viste como me miro». Usar los ojos y dar las gracias a Dios y a la naturaleza que Él creó, no tiene límites, podemos ver el cielo e imaginarnos todo. De allí la famosa frase de Santo Tomas «ver para creer», posiblemente se confunda en el confín humano de la visión, la separación de arco de 1/30 segundos, nuestro límite físico, una frecuencia mayor no podemos separarla, con lo que en el contexto es fundamental poder ver a través de la materia, llegar hasta el fondo del alma. Los ojos cerrados son dos persianas donde no entra la luz del amor, debe conformarse con lo que aún tiene. De eso se trata lograrla y descubrirla, no solo en los extremos (locura e inteligencia), sino al desplazarse de ida y de venida sin detenerse.

Permanecer en felicidad es mantener una armonía sutil con el entorno, muy simple, bajo los límites de tiempo de la vida, nacer y luego morir, el asunto es cómo aprovechar ese intervalo de la mejor manera sin saber cuándo termina.

La existencia es un sistema realimentado que no tiene nada que ver con el renacer ni con la resurrección, obviando esas acepciones religiosas, ver en lo práctico *aquí estoy* y si no nos movemos perdemos el juego maravilloso de existir. Un juego de fútbol donde la función es avanzar en zigzag, evitar zancadillas, retroceder, avanzar, los goles en los arcos de ese campo de fútbol llamado *vida* son victorias de alegría.

EL AMOR PRIMIGENIO ES NATURAL

Comenzaremos este conjuro, con este axioma: *la felicidad va de la mano de la naturaleza*, y la forma más expedita y sencilla de comprenderlo es valernos de ejemplos puntuales:

Nos despertamos, salimos a la calle, y con el primer árbol que nos topemos, eso sí, que sea grande, grotesco, lo observemos con detenimiento cada día, lo primero, es que tiene a su favor los rayos del sol que lo alumbran cada mañana, de repente sin darnos cuenta, por el cambio de estación, las hojas caen, una rama descansa en el suelo, unas abejas polinizan hacen de las suyas, sucede un milagro, un buen día abre flores a la luz, la señal de amor que anuncia la primavera que de por sí genera en el contexto la idea del renacer, la belleza. La savia fluye más rápido y el árbol se afinca más con sus raíces a la tierra que lo vio nacer, por lo que como elemento único, busca completar el ciclo tantas veces como le sea permitido, la conclusión es que todo se inicia por la semilla virgen que viene con el vigor intrínseco. Ella de por sí se encargará con sus mecanismos de hacer que el círculo de la vida complete todas las etapas, hasta la resurrección en la tierra, claro, con distintos personajes pero en esencia siempre será lo mismo, como elemento de enlace, y que se transforma de acuerdo con el medio circundante, recibiendo oportunamente los elementos externos e internos, y que a medida que crece le cambia la apariencia, manteniendo igual el código genético que lo hace repetir n veces, solo alterable por otras formas de energía que cambian el patrón de comportamiento, *la mutación*.

Para que el amor renazca es fundamental entender el ciclo, hay que tener paciencia, imagino que las tortugas deben amar más que nadie, duran un período largo de vida, algo por cierto muy difícil de encontrar en los seres humanos, por algo siempre llegan a su destino, tienen algo precioso: el tiempo, como en la fábula de la liebre y la tortuga de Esopo, arriban primero los quelonios que las liebres.

Podríamos continuar citando ejemplos, pues esta aseveración debería ponernos a meditar qué nos mueve a acercarnos de nuevo hacia el océano de dónde venimos, hacer un todo homogéneo, lo que el pueblo dice: «La sangre llama», o el por qué una vaca distingue su becerro entre cientos de ellos, ese afecto transformado en sentimiento. ¿Qué significa? Sencillo: la naturaleza tiene una conexión en expansión y por ende también la felicidad.

Esa química que nos mueve no es producto del azar y de la coincidencia, sino estrictamente de que a toda costa, la naturaleza va en búsqueda de una unidad homogénea es el hecho que se persigue que no depende de las individualidades.

Démonos cuenta que en la sencillez está lo auténtico, ejemplo, la relación de color entre la mariposa y la flor. En el ser humano lo lleva la plástica, debe lograr irremediablemente alimentarse interiormente.

Cuando la esencia del sujeto comprende que es parte de la naturaleza y es contra natura separarse, está cometiendo un grave error, es inconcebible el árbol sin el hombre y viceversa, en la medida que se logre esa permeabilidad seremos mucho más felices en el tiempo. El raciocinio destruye la naturaleza, el egoísta piensa en el estúpido confort, o en base a parámetros para alargar la vida, pero qué son 60, 70 a o 100 años en un contexto de millones de años, absolutamente nada. Por lo tanto, entender su condición animal es indispensable, además, es el único que lo sabe, primero como mamífero, el significado de *las mamas*, la conjunción maternal sexual, esa necesidad va más allá de su diatriba de hacerse independiente. Incluso en otros géneros, las aves, la necesidad de abrigo, la dependencia alimentaria, y luego al de los afectos, es la forma de sentirse seguro.

> Para que el amor renazca es fundamental entender el ciclo, hay que tener paciencia, imagino que las tortugas deben amar más que nadie, duran un período largo de vida, algo por cierto muy difícil de encontrar en los seres humanos, por algo siempre llegan a su destino, tienen algo precioso: el tiempo

No hay misterio, el ser humano es dependiente, necesita de escenarios para mostrar su actitud frente a la naturaleza. Allí se inserta la felicidad en el manejo de la interrelación de variables para que no se produzca el desencanto y que parte de ese paisaje en transformación no se marchite.

Volviendo al contexto de lo que nos rodea, para comprenderlo en su origen, no pueden pasar desapercibidos, los cuatro elementos de los que estamos constituidos fundamentalmente O (oxígeno), H (hidrógeno), N (nitrógeno) y C (carbono) y sus diferentes formas de asociación. La composición bioquímica, de la cual estamos hecho, nos presiona a tenerlos siempre presente, pues el organismo (70% de agua, H_2O) necesita alimentarse permanentemente de ellos, ya que su carencia disminuye la capacidad de supervivencia, veámoslo como si fuésemos una masa de agua que circula por donde hay vida.

Vivir en un campo abierto está visto como una sintonía de felicidad, ¿por qué? El contacto omnidireccional del oxígeno hace que la manera de vivir sea más apacible y tranquila, ya que el tiempo asociado directamente a la masa que lo rodea por el principio de conservación de energía se hace mayor. No es que el sol se oculte más temprano o la ausencia de conexión con el medio exterior, por decir, la televisión, sino el hombre tiene la oportunidad de comunicarse mejor con la naturaleza, se siente a gusto, toma ritmo propio, no se producen niveles de competencia no deseados, el egoísmo y la envidia casi están ausentes y permiten que interiormente la felicidad fluya y nuestras necesidades sean mínimas, igual sucede con los que habitan los perímetros de los océanos, pareciese una barrera, pero es todo lo contrario, esa atracción casi mágica es producto de la reconversión del ciclo, tratamos de ayudarnos fungiendo de *hombres rana* apoyando algo que en fin va a suceder, pues las vidas individuales simplemente son eslabones en la cadena de la supervivencia.

El hombre intenta dejar atrás la contemplación de la naturaleza, para pasar por ahora sus emociones a cajas huecas que proyectan imágenes, la televisión, el monitor, pantallas, juegos interactivos, camino equivocado. Hay que ver el sosiego que produce ver abejas buscando néctar en algo tan profundo como los pistilos de una flor, o el vuelo rasante de pelícanos y gaviotas desafiando el mar inmenso con la seguridad de que la presa no volará, o la lengua de un perro lamiendo un hueso vestigio de otra vida registrando sabores multisápidos, o las nubes ocultando el sol y fantaseando dibujos, caras de conejos, conchas de tortuga bajo la amenaza de una lluvia que vuelve a producir la vida, percepción real en todas las dimensiones sin conocer el final de cada acción que es distinta cada vez.

La naturaleza es tan poderosa que siempre está fresca, como saliendo de la ducha imaginemos una película expuesta permanente, multidimensional, que puedes oír, sentir, oler, percibir, y por supuesto no solo ver, mirar, sino observar. Lo maravilloso es que la belleza se hace posible en el marco terrenal.

En las sociedades urbanas, los jardines y las macetas son las cobijas que le quitan frío al concreto que nos sepulta, por eso en las criptas el frío impide la transfiguración de la maleza. «Polvo eres y en polvo te convertirás», la prueba es que para algunos la incineración y luego el posterior esparcimiento de las cenizas es la forma más sublime de regresar a la naturaleza. Veámoslo en las piras de sacrificio para el viaje eterno en el río sagrado el Ganges de la India.

Tomando los cambios como el comienzo para generar la felicidad es seguro que detrás de grandes problemas se escondan las grandes oportunidades, el ciclo de evolución, y transformación de la materia por la manipulación del código genético, trata de cambiar los esquemas para hacer un hombre más perfectible, qué gran error, querer modificar lo que está hecho, que tiene un ritmo que no podamos medirlo es otra cosa, y eso genera angustia, saberlo todo, qué tontería si la vida es corta deja la naturaleza que haga lo que quiera, ella siempre estará del lado de nosotros, creas un nuevo estado de cosas, virus, mutaciones, desarrollos de la mente para lo que no estamos preparados, y pasar de espectador a actor.

La naturaleza es originaria, armónica, hace que todo quede igual en el contexto, el cuerpo se autoalimenta y se regula. No hemos entendido los promedios estocásticos, pues las catástrofes naturales (terremotos, inundaciones, pestes) causan tristeza en los que perciben de cerca el acontecimiento por cuestiones geográficas y de consanguinidad, pero crean la base de sustentación para un nuevo punto de partida, es un aprendizaje obligado que hace el hombre para estar en paz con la naturaleza, buscando un justo equilibrio.

> La naturaleza es tan poderosa que siempre está fresca, como saliendo de la ducha imaginemos una película expuesta permanente, multidimensional, que puedes oír, sentir, oler, percibir,

La naturaleza es realmente mágica y expresiva, es la fuente que necesita el alma para ser joven, no tiene ruedas ni luces que no sean las de las luciérnagas, las estrellas y el sol y quizás el plancton tan apetecible por un animal tan grande como las ballenas, pero inocente y sin defensa alguna.

No se trata de dejar de arrancar racimos de uvas de parra para hacer y disfrutar de un buen vino, pues sería absurdo dejar de lado la profundidad que tiene la maceración o las técnicas para mejorar nuestro paso breve por el planeta. Eso sí, cualquier acción tendrá la virtud de no destrozar la capa protectora de ozono.

ENGAÑA A HADES

Pareciera algo absurdo engañar la muerte, a quien nos acompaña desde que nacemos, pero sí es posible, ella por supuesto que siempre aguarda, no hay duda, espera el primer descuido para ponernos de su lado, conocemos que la guadaña asusta, y su representación anciana más, pero qué tal si sabemos de su proximidad, y la ignoramos, no sentimos miedo de ella, lo más seguro es que diga este fulano no está preocupado, no me tiene temor a pesar de que no se arriesga a contárselo a los demás. Cuidarse en demasía el cuerpo en perjuicio del alma es sumamente grave, se intuye si es que hay otra vida que el mal sigue entonces, y pasa de un estado a otro, por lo tanto no dejemos que ande en malos pasos, pues después tendrá que disculparse de lo que hizo, y creo que a ningún traje que en este caso el cuerpo le gustará vestir un alma sucia. Para qué preocuparnos por morir, si solo con ver un par de libros de historia nos damos cuenta que aquellos personajes famosos son olvidados, y los recuerdos al pasar de boca en boca son tergiversados, si el deceso fue por el impacto de una piedra que te pegaron, el cuento termina en el epitafio como puñalada, si al fallecer tenías una abundante cabellera, al final te retratan como un calvo, pero lo cierto es que nunca es como deseamos que fuese el final, entonces para qué preocuparnos a la hora de morir, solo con ver cómo los faraones, sus pertenencias que supuestamente llevaban a otra vida fueron saqueadas, o aquellos millonarios que al morir los herederos se pelean cual horror, se querían cuando el que generaba la riqueza estaba vivo, al morir se pelean hasta por una vieja hogaza de pan. Solo con reflexionar nos entra un fresquito, vemos cómo los cadáveres de nuestros amigos van cayendo por doquier en determinadas circunstancias y sin respeto alguno, nos hacemos tontas preguntas: ¿Por qué a él, y no a mí? Bueno, morir es algo demasiado sencillo, solo hay que estar vivo.

Se vive mucho mejor sin detenerse a pensar en ese acompañamiento tan funesto, al final *al que le toca, le toca,* qué más da, entonces vive lo mejor que puedas en la oportunidad que te den, que la definirá el clímax el último momento. Muchos han muerto en la ley, en una moto a velocidad, otros haciendo el amor con un infarto, y otros, los santificados, en una cama rodeados por los familiares donde uno con ganas de que muera para repartir y otros llorando desconsoladamente, pero como dice la Biblia, no más de 7 días en los Eclesiastés, te rasgas las vestiduras si continúas llorando como deudo, enfermas y después mueres.

Es necesario entonces ligar el concepto de la muerte con la felicidad, pues es la puerta entreabierta que une la religión con la naturaleza, es la plataforma de todo lo bueno y bello, si algo se desequilibra la naturaleza lo liquida y la religión intenta salvarlo en la vida terrenal y si no lo logra, sin duda lo llevará a la vida eterna.

> Cuidarse en demasía el cuerpo en perjuicio del alma es sumamente grave, se intuye si es que hay otra vida que el mal sigue entonces, y pasa de un estado a otro, por lo tanto no dejemos que ande en malos pasos, pues después tendrá que disculparse de lo que hizo, y creo que a ningún traje que en este caso el cuerpo le gustará vestir un alma sucia.

La alegoría platónica viene al dedo, *el carácter indómito de la naturaleza apasionada.* El camino inesperado.

EL ÉTER

Agua y brisa marina, la interface entre agua-tierra y agua-aire, es donde reside probablemente el secreto de nuestro origen, por peces, anfibios y mamíferos son las interfaces de ambiente donde pasan las proteínas de un cuerpo a otro. La transmutación contiene ternura. Con la succión y trasvase de materia viva de un cuerpo a otro, comenzó el origen de la especie humana, el hombre es un ser gregario, por naturaleza, los primeros segundos, minutos, horas, días y meses son indispensables entre los que maman. Los huérfanos tienen que desarrollar estigmas sobrenaturales para sobrellevar la vida, pues «la falta de», hace que se encuentren otros mecanismos de situación para alcanzar la felicidad.

¿CÓMO LOGRAR LA FELICIDAD EN UN TIEMPO TAN CORTO?

La felicidad es el estado de conciencia optimo en el hombre regido por el tiempo, pero del cual se sale y se entra con una velocidad pasmosa, el todo bajo cualquier circunstancia es mantener el ánimo, lema, *siempre adelante*, a pesar de estar rodeado de un ambiente que parece cambiar cada segundo, pero internamente es exactamente el mismo, el hecho que una hoja se seque y varios días después sea ceniza en el aire y creamos que desaparece, está allí y nunca dejó de estar, cambia de estado. Es tan simple como caminar sobre la arena con los pies descalzos, bajo un inclemente sol sin que estos se quemen, toma el riesgo, el hombre es capaz de inmolarse buscando la felicidad, definido en términos modernos se auto sacrifica.

Ser esclavo de la puntualidad mas no del reloj, la armonía del proceso natural, nunca amanece, más temprano, el tiempo tiene que estar a nuestro servicio.

NO DEGRADES TUS GUSTOS

El asunto es muy sencillo, por querer imitar a los demás y ser aceptado como miembro de la manada tendemos a hacer lo que los demás realizan, nos agrade o no, pero si lográramos entender que esto lo hace la publicidad, podríamos sin separarnos del grupo totalmente hacer lo que nos venga en gana, sin ser vistos mal, siempre que no dañemos el entorno.

Salirnos del estereotipo impuesto ayuda a ser más felices somos nosotros con nosotros, es la manera. Más fácil es imitar pero perdemos nuestra intimidad que es el cordón que nos comunica y nos da sosiego.

DISTINGUE UN DÍA DE OTRO

Los días son como lo indica el calendario en forma burda, marcadores de situaciones, pues comienzan con un amanecer y terminan en un atardecer, la vida misma, además, hace al pasar la página un blanqueo, la frase «mañana será otro día» dice mucho pues es como un comienzo, empieza biológicamente como el reloj circadiano, los tiempos, las horas necesarias de sueño, instrumento de las torturas, no lo dejes dormir para que confiese. No hacer el cambio, de dormir despertar, sobreviene la muerte, es un ciclo inherente a la vida. Ayer no es hoy ni hoy es mañana, esa trilogía de la que tendemos a aferramos como el ancla, el pasado como experiencia de dolor, de amor, el ahora, muy de moda en este siglo, y el mañana puesto en incertidumbre, y a las creencias sino te dan el cheque de gerencia y en el banco no crees, es decir, el azar no interesa, ese pragmatismo ha puesto a los seres humanos en angustia permanente, ¿y ahora qué hago? Estoy en la calle, en la bancarrota, o te pones a atesorar mucho dinero como mecanismo de salvación, y de repente un cáncer, un enemigo silencioso, acaba con tus planes.

Los días tienen sus noches, y las noches tienen sus días, como las sombras tienen sus luces, lo cierto es que para ser felices tenemos que detenernos un momento, ver hacia atrás lo que dejamos, rémora o halo de felicidad, y el camino que lo marque es el nuevo amanecer, ¿cómo llevarlo a cabo? No puede ser digitalmente, pues no somos computadoras, un invento nefasto de estos siglos, es cierto, más información y menos tiempo para conocer, informar, transmitir, pero en fin, que lleva eso, enterarse rápido, que no permite discernir, sobre lo que sucede sino va arrastrado por el maremágnum de la información y le crea un sentido de inseguridad permanente.

No somos computadoras, un invento nefasto de estos siglos, es cierto, más información y menos tiempo para conocer, informar, transmitir, pero en fin, que lleva eso, enterarse rápido, que no permite discernir

---

Imagínense, un día como un libro que no has leído, como una novela corta que comienza pero la verdad es que no sabemos el final hasta que el sol como marcador dice que se acabó, parece un capítulo de la historia de la vida, pero no es totalmente estricto, todo cambia, un día de suerte, dicen algunos, otros un día de perros, ¿cómo te fue? *Excelente*, dicen algunos hipócritas, otros *no conozco un día malo*, y los rutinarios, *qué te puedo decir, aquí no pasa nada*, pero sí sucede, te sale una cana, después otra, el amor que creías se desvanece, o el día menos pensado se va uno de tus seres queridos, una tragedia calculada pues un buen día suena el timbre, y fue que nos vinieron a buscar, unos primeros otros después, como en el clásico de amor Romeo y Julieta, pero no, eso no sucede, los trenes salen de la estación cuando naces, pero sus destinos son tan diferentes, a veces hay lo que llaman los cruces de camino, momentos de máxima energía, no por el choque sino porque tenemos la oportunidad de saludarnos.

DICHA O DESVENTURA

Ahora, tomando en cuenta que morir por una causa produce placer, pero sí al mismo tiempo buscando adivinar el destino no se alcanza la felicidad, es decir, no hay el final feliz esperado, esto tiene que ver mucho con las causas que lo producen. Ejemplos sobran, han sido plasmados en muchos romances, tal es el caso del relato sobre la triste historia medieval, *Abelardo y Eloísa*. «Amante, a tu lado, que Emperatriz a tus pies, prefiero amar, al matrimonio», casarnos es posesión, no amor, interés y no entrega, se ve perfectamente el descarte de la sumisión de dos seres que tienen que ir bajo una misma línea de acción para que se produzca el efecto deseado: la felicidad.

En el desenlace, la flecha de Cupido produce dolor en el alma, también representada en la lanza, con la que dieron fin a Jesús, es una forma de reflexionar el concepto posterior de la vida: la muerte.

Cuando el hombre piensa y actúa como ser eterno, fuente inagotable de juventud, la felicidad no permanece, ya que no entiende lo corto y frágil de la existencia, y por ende no se asusta, no hay pasión y pasa por la vida como un epicúreo cualquiera. Nunca supo lo que pasó y de lo efímero del tránsito en este viaje y de allí conoce que no existe el boleto de regreso, cuando se vuela hacia el amor imperecedero.

El final de carrera corta siempre tendrá dos salidas: la dicha o la desventura, con la ventaja que *a priori* podemos convertirla en una elección. Está en nosotros m tratar de lograrlo. Un corazón tranquilo ronda cerca de la felicidad, una úlcera siempre será un aviso de desdicha, una gripe repetitiva lo mismo, un dolor de estómago, pero todo en contexto de la frase que lo abarca: «Me duele todo» es un síndrome muy peligroso de estar lejos de la felicidad, un cambio de rumbo a tiempo en esa autopista es un gran secreto, pues no son necesarios el dinero, la belleza, etc., para manejar correctamente esta situación. Es cuestión de tiempo, por eso una modificación en nosotros genera seguros cambios en nuestros semejantes.

Entonces hay que encontrar el mecanismo para no acelerar la llegada a la vejez, entendiendo el ritmo que marca la naturaleza; ella posee un reloj maravilloso, no de esos que conocemos con cuerda, que sincronizan la vibración con un diapasón o un cristal, sino que se atrasa y se adelanta midiendo el tiempo solo por el tamaño de las situaciones.

En la vida debemos elegir constantemente, allí lo difícil, lo cual crea angustias a las que nunca nos acostumbraremos, porque es parecido a los descansos tácticos de la montaña rusa en los parques de atracciones, los precipicios y las pendientes para alta velocidad casi la presentimos porque la vimos en su contexto, antes de entrar en ella y lo que son minutos nos parece una eternidad.

La actitud que se tome es fundamental teniendo la paciencia necesaria, observamos cómo el amor mata el odio y la felicidad destruye la depresión, definitivamente hay que llenar el amor de diálogos, lo interactivo es lo que funciona, pues establece un ambiente distinto, cada vez mejor alrededor del fin que se persigue, la estabilidad, en este caso, de la pareja.

Hay libros de autoayuda que plasman mucho de esto, uno de ellos es el *Pequeño manual para la vida* de H. Jackson Brown Jr. ofrece una cantidad de consejos cómo vivir en paz en forma sencilla, experiencia cotidiana que le dan el punto de sabor a veces pues es establecer un canal de comunicación entre la energía vital (el alma) y el armatoste (el cuerpo), ejemplos: «Mira el amanecer una vez por año», «de las gracias siempre», «la verdad por encima de todo», «cásese por amor únicamente», etc.

Este enlace entre cuerpo y alma es otro acertijo para darle permanencia a ese estado que alguna vez hemos sentido, y no soltarlo jamás, la verdadera comunión.

El amor no comienza tan puro, pues es un careo entre dos, mucha ilusión pero en el substrato hay que estar claro que son genéticas diferentes, necesita de un tiempo de acoplamiento, pero sacando lo mejor de los dos, sin recelo es cuestión de empezar, nada de miedo.

LA EXPECTATIVA, EL VIRUS DE LA ANGUSTIA

Tenemos la mala costumbre, probablemente inculcada familiar o religiosa, esperar algo de alguien o del Universo y así podemos pasar mucho tiempo, si llega lo asumimos, bien sea la princesa amada o el trabajo requerido, o el reconocimiento, la dicha llega aunque tarde. Lo cierto es que es mejor irse a otro adagio: *lo que es del cura va para la iglesia*. El azar por supuesto es importante, el lugar donde hayas nacido, si naces en Nueva York probablemente lo que suceda se parezca a Nueva York, pero si naces en una comunidad agrícola, termina allí.

El movimiento, la migración, siempre trae cosas novedosas y fuertes, de agricultor en tu terruño puedes pasar a acaudalado banquero sin lugar a dudas, eso de que nadie es profeta en su tierra es correcto, se te despiertan por necesidades, habilidades escondidas y dormidas que emergen muy fácilmente, estimula la creación como nunca pudieras haber imaginado.

Si esperas, desesperas. Las angustias matan, además que la vida es como el juego de fútbol: o haces gol o te lo hacen, puede ser que no sea conveniente acelerarse, pues jugar posición adelantada en términos de juego tampoco resulta, todo tiene su ritmo, su momento, pero hay que prepararse y reflexionar para hacer los cambios a que diese lugar.

LA CARTA MARCADA, EL SUEÑO DE UN NIÑO

Los niños que poseen por su virginidad cerebral, una inocencia sin límite, ven el universo finito y tangible, el mundo cercano que los rodea, objetos, afectos, relaciones de primer nivel que lo llevan a tener una percepción propia de cada situación y así, en su interpretación, la sonrisa y el llanto se generan con mayor facilidad, no hay la conducta aprendida que tiene que ver con la hipocresía. Es lógico pensar entonces que despertar «el niño» que todos tenemos nos hace más felices, es la expresión más natural, no tener miedo «al qué dirán», sale de las entrañas y no puede tener el desaprobación de nadie.

Basado en esto, veamos los principios de Rousseau en el libro *Emilio, o De la educación*, el hombre nace bueno y es la sociedad quien lo modifica, «enseñándole lo malo que no sabía, quería escaparse y lo encerraron». Esa inocencia, a quién pertenece? En principio a los niños, ellos son la guardia y custodia de la felicidad, *ángeles a veces*, cuando actuamos como ellos, es que tenemos ráfagas de felicidad, no hay nada más puro que un niño lleno de virginal inteligencia, que buscando el por qué de su existencia sobre principios cosmogónicos que le producen el placer y el goce. En la Navidad ve trineos, renos, música y color por doquier; si está lleno de cariño, las habitaciones oscuras en vez de producirle angustia y miedo y ve la bóveda celeste llena de estrellas, se regocija, por lo cual los sueños y la imaginación son miembros de la corte que acompaña esos principios de felicidad.

> En principio a los niños, ellos son la guardia y custodia de la felicidad, *ángeles a veces*, cuando actuamos como ellos, es que tenemos ráfagas de felicidad, no hay nada más puro que un niño lleno de virginal inteligencia, que buscando el por qué de su existencia sobre principios cosmogónicos que le producen el placer y el goce.

En la imaginación no hay futuros cercanos, en los sueños menos, por ello los niños cuando sueñan ven la felicidad con honradez y sin egoísmos, el amor que generan es puro y limpio, base cierta para permanecer en ese estado. Para tomar oxígeno con amor no hay manera más sencilla que entrar en ese mundo, pues sus respuestas son claras y transparentes.

La permeabilidad de un corazón tierno hace que en esa caja de formas agudas y redondas entren los dictados del amor de forma fácil.

El ajedrez de la vida nos prepara para una lucha encarnizada: o te capturan o capturas, es un jaque permanente, donde posiblemente los primeros movimientos del niño sean como los de los peones, muchos al comienzo pero con muy poco poder de maniobra, aunque se les nota la intención de ir siempre hacia adelante. A los niños tratamos de hacerlos grandes muy rápidamente, es decir, enanos inteligentes bien representados con diferentes virtudes, a través de patrones de la historia como Blanca Nieves y los 7 enanos y todas esas historias infantiles de gnomos y hadas. Una preparación absurda de un aprendizaje de una situación que ha sido totalmente superada por la otra persona. Los niños son, en los cinco sentidos, dulces, son células nuevas con deseo de comunicarse con el exterior, de hecho se les inyecta virus muerto en esa integración, a pesar de que sus necesidades cambian con el tiempo, trasciende en amor esa intimidad para protegerlos biológicamente, y en el alma, el sabor del aprendizaje, cuando un niño besa, la carga afectiva que lleva ese beso es total, ninguno puede negarse a aceptarlo y aquellos que aducen en principio no procrear para no ocasionar más responsabilidad al planeta recuerden que cada vuelta genera un día, y el hecho es simple, esos seres tienen una coraza creada por maltratos psicológicos o físicos durante su niñez.

La pregunta es ¿son todos los niños felices? La respuesta es sí, no hay maldad, pues un ente vacío de información no puede armar un juego que implique sentimientos diferentes, no se puede luchar contra el afecto y roce entre ellos. Dense cuenta la facilidad con que los niños hacen amistad con otros niños, les basta minutos, no les importa la condición social, sexo ni raza.

> La simbología del beso de Judas explica mucho, no es lo mismo si Jesús y Judas hubiesen sido niños. El beso es la separación del pezón de la madre del niño, es el recuerdo que queda sembrado hasta el final del ciclo.

Los niños los asustan con brujos, monstruos, algo que por su plano de conocimientos teme, pues en su interior es la vida un juego enfrentado a modelos de la no belleza como argumento de muerte y desolación. Volvemos nuevamente a entender que el sueño de la idea de lo perfecto es la que nos mantiene con la sangre en movimiento como una bomba indetenible.

CATARSIS, LA INICIACIÓN GRIEGA

Cuando nos sentimos inseguros, por los arquetipos entra la sospecha que puede ser un maleficio, un mal de ojo que nos han echado encima, sentimos miedo, temor, todo sale mal. Nada de eso es, es que no hemos salido de la línea del camino para alcanzar la felicidad, por lo tanto debemos hacernos una limpieza efectiva, una purificación en todos los sentidos, una evaluación en el cuerpo, en el espíritu y en su interconexión que no son más que las emociones. La catarsis tiene la ventaja que es ver a través del castigo merecido de una situación lo que pudiese sucedernos, pero con la ventaja que no sufres los verdaderos miedos. Todas estas dificultades vienen por el orgullo desmedido, una tragedia. Te desbloqueas pero con la ventaja que esa visión dura mucho tiempo, y a través del espectador logras efectos sobre los demás. En una situación de improviso con una conexión inteligente, consigo mismo resuelves, tienes muchas más fuerzas para enfrentar lo que ocurre, es una experiencia en otros. Una purga necesaria para retomar de nuevo el camino, despertar esa piedad en otro. Saber que somos frágiles nos pone con cuidado frente a la adversidad.

LA MENTIRA DEL GUSANO, LA VERDAD DE LA MANZANA

¿Quién lo diría? La manzana, tan roja, tan apetecible, esa forma de corazón tridimensional, esa historia de ser el manjar del árbol del paraíso, y ese bocado que desgració la humanidad, pero ella sigue siendo la que es, no nos equivoquemos, un ideal, su sabor casi dulce, la fruta, las semillas no esparcidas, aquel color rojo que invita, es una verdad del tamaño de un templo, siempre debemos verla así en lo originario que contiene, asunto difícil cuando un gusano malicioso hasta por el nombre la enferma la cercena por dentro, distinguir entre gusano y manzana es muy importante, diría Sherlock Holmes, elemental mi querido Watson, siempre pensemos no con aprehensión que detrás de ella puede haber un gusano que primero la devora a ella y luego a nosotros.

LA LÍNEA MAGINOT

Existe una línea imperceptible entre nosotros para lograr la sana convivencia sin rayar en la hipocresía, hasta donde llegar sin quebrar los estándares, que cambian con cada cultura pero en esencia son los mismos.

Pues si trasgreden con frecuencia intencional o no el borde se va cargando de información negativa que hace que ese hilo sea el cordel que lleva a la pólvora, y explota, entonces no tiene remedio sino aceptar las consecuencias del impacto que pueden ser catastróficas.

AMA, NO POSEAS

La posesión supuestamente da fortaleza, es mía o mío, será mía o mío para siempre, de más nadie, no hay nada más lejos de la realidad. Para que permanezca el amor, y con ello la felicidad, pensamos que hay que tener, pues contar con cualquier bien material genera supuestamente tranquilidad, pero también desconfianza, alguien puede quitarlo, entonces pasas el tiempo protegiendo un asunto que a decir verdad no es tuyo. El que algo posee se siente grande así sea en lo relativo abarca todo y su consciencia permanece tranquila, pues llenó en su cerebro la expectativa de adquirir, conquistó la posición y la posesión, si es conforme y mantiene la calma ese estado no produce ni frío ni calor y por lo tanto como argumento de felicidad está agotado.

La posesión va desde el aprisionamiento de los sentimientos de un hombre hacia una mujer y viceversa, hasta el hecho trasladado hacia los bienes, producto de algunos deseos y expectativas no cumplidas que degeneran en frustraciones y mostrarle imágenes reales y falsas al interior del mismo, del cual, sin darse cuenta, se ha convertido en una suerte de su propio prisionero. Por ejemplo, cuando decimos *mi hijo* entramos en la parcela que nos indica que poseemos un fruto proveniente de nuestras entrañas, ese cuadro genera felicidad porque cumple la doble función creado y poseído, así como lo es ver crecer los árboles que una vez sembramos, la semilla por sí sola no representa nada, un estado latente sin solución a menos que al cambiarlos de estado comience a germinar.

En la felicidad permanente la diatriba es entender el difícil arte que significa poseer, es preferible dominar el volumen de aire que en lo práctico no es nada, solo que es necesario para respirar.

La actitud que se tome sobre la propiedad genera sentimientos de envidia y egoísmo. ¿Cuál es la razón para disponer de algo? Aparentemente ninguno que no sea la seguridad y la permanencia en la tierra y asegurar el sustento de la prole en un ambiente de capitalismo salvaje de la vida, pero de cada individuo como ente único no se justificarán los problemas de herencia, hermanos contra hermanas por un pedazo de tierra, esa inseguridad en el mañana produce el sentido de la posesión, ¿cómo romper ese esquema? Eso fue en su tiempo el socialismo, el comunismo o como se llame, pues la inteligencia sin ataduras elimina esa igualdad, pero si todos vemos el porvenir horizontal y no vertical como una pared que cada día debemos traspasar tendremos la pelea ganada, el entendimiento va más allá del acuerdo porque cada cabeza es un mundo y cada quien tiene unas necesidades de amor diferente, que tienen que ser llenadas con diferentes estímulos y no con publicidad mal sana que al masificarlas quien las produce por los costos genera más dinero y distorsiona el objetivo final que se busca: la felicidad.

> Para que permanezca el amor, y con ello la felicidad, pensamos que hay que tener, pues contar con cualquier bien material genera supuestamente tranquilidad, pero también desconfianza, alguien puede quitarlo, entonces pasas el tiempo protegiendo un asunto que a decir verdad no es tuyo.

Todos no somos iguales, pero buscamos lo mismo en *el divertimento del camino*, lo tropezamos en forma de pequeñas piedrecillas al puro estilo de Hansel y Gretel, de los hermanos Grimm también válida la famosa canción «Con la misma piedra» del compositor mejicano Jorge Massias. *Tropecé de nuevo con misma piedra, en cuestión de amores nunca he de ganar porque es bien sabido que el que amor entrega de cualquier manera tiene que llorar.*

NO BUSQUES GRATIFICACIÓN SUSTITUTA

Un asunto es soñar e imaginarse que se está bien, y otra realmente estarlo con pocas cosas. El cuerpo o el alma, o ambos, la gracia es ser real, auténtico, para que tenga valor sino se esfuma y quedamos más vacío que como comenzamos pues sabemos *a priori* que nos estamos engañando, y eso es ir sin darnos cuenta poco a poco hacia el abismo, pues nada nos satisface, y por ende no le vemos sentido a nuestra vida, la conjunción de lo que nos rodea, esa asimilación diaria debe ser real tangible, no importa la cantidad, pero sí la calidad, que es la que hace salir los suspiros, y mantenernos en una calma homeostática.

EXPRIME

La vida imaginémosla como un trapo húmedo, que si lo dejamos al sol por mucho tiempo lo más seguro que se seque al cabo de varios días, y si es verano mucho más rápido, entonces por qué no tomarla con las dos manos, darle vueltas y esa agua que gotea beberla para energizarse. Un Gatorade, un red Bull, que nos pone alertas, contiene electrolitos, el potasio es uno de ellos elevar los niveles en el cuerpo ayuda a el buen funcionamiento del sistema nervioso, es un regenerador de resacas o de ánimo, pues acordémonos que el cuerpo es químico en esencia de hecho que en el borde de la muerte en terapia intensiva lo que hacen los médicos internistas es posicionar los valores para mantener la materia viva, que respire, vibre, para que no haya descompensación. La vida seca es triste, es un árbol solitario, enhiesto, al que poco a poco no solo se caen las hojas y las repone después del otoño al cabo de un tiempo la primavera, sino que cada vez lo hace menos y con menos ganas, por ello la brisa traviesa, el orín del perro en su tronco, la navaja que esculpe un corazón, son necesarias, se siente, se percibe, ese refrán *no dejes para mañana lo que puedes hacer hoy* es magnífico, quién sabe si el mañana existirá para nosotros, y esa pequeña diligencia de amor, o de trabajo, era tu necesidad, por supuesto que no hay que estrujarla en una lavadora con las secuencias electrónicas de los *timers*, sino a mano con la fuerza que imprimen las manos haciendo los nudos correctos para que cuando el sol con su luz, lo abra, no necesite de zurcir o de tintes sino resplandece con su color natural y su forma.

No podemos quedarnos a observar cómo el proverbio chino *a ver el enemigo pasar*, esa palabra tiene un tiempo hasta que desaparece.

Estrujarla, apretarla con perseverancia, tesón, sacarle provecho, nunca será igual después de imprimirle fuerza, claro hay que saberlo hacer, todo tiene su límite, no sacarle el color al trapo, o deformarlo, tratarlo con energía pero con sumo cuidado.

MOSCA CON LA ANGUSTIA IRRACIONAL

Hay situaciones a lo largo y dentro de la vida donde nos falta repentinamente el aire, sin ser asmáticos, un pálpito, una aceleración del ritmo cardiaco, un miedo a un no sé qué, no sabemos de dónde viene como un frío helado que nos recorre el cuerpo, pensamos en algo que va a suceder, una premonición que viene del exterior, esa irracionalidad de estar nervioso sobre algo que no ha sucedido, nos pone a jugar en una posición adelantada como en el fútbol, *fuera de juego*, permite que se proyecte en síntomas, signos orgánicos que acaban con el envoltorio, con el cuerpo en poco tiempo, cáncer, diabetes, todo tipo de malignidades. Complicado es cuando falta el aire de verdad, estás en un edificio en llamas con pocas posibilidades de vivir, falta oxigeno, puedes estar hasta en un ascensor, un cubo lleno de miedo si pasas más del tiempo que la mente tiene previsto, además sabes que está aguantado por unas guayas, hace la muerte suspendida más lenta, puede que nadie te oiga, donde las alarmas no funcionan, es un fin de semana y nadie nos rescata. Lo cierto es que de esa manera los verdaderos peligros no los vemos, la angustia es un velo que no nos deja pensar para resolver, nos paraliza, y los pensamientos se vuelven circundantes, terminamos con una aflicción, una congoja. Los problemas, las molestias supuestas, son las piedras en el camino de la vida, debemos erradicar ese círculo vicioso que hasta sádico es, perdemos el control, y avanzamos sin lugar a dudas hacia el pánico.

Complicado es cuando falta el aire de verdad, estás en un edificio en llamas con pocas posibilidades de vivir, falta oxigeno, puedes estar hasta en un ascensor, un cubo lleno de miedo si pasas más del tiempo que la mente tiene previsto, además sabes que está aguantado por unas guayas, hace la muerte suspendida más lenta, puede que nadie te oiga, donde las alarmas no funcionan, es un fin de semana y nadie nos rescata.

Hay que ser bien tonto para pensar que tenemos el control total de nuestras vidas, solo con ver hacia atrás y reírnos de nuestras propias tonterías y como salimos de ellas nos hace sentir mejor. El asunto es que cometemos el error de auto despreciarnos, que somos incapaces a todo tren cuando lo que sucede es que no estamos conscientes del nivel de agobio, de tensión que el organismo es capaz de tolerar, cada quien es diferente, y lo ve desde distinta óptica, hay muchos que nos ahogamos en un vaso de agua, no hay nada mejor cuando las comunicaciones eran mucho más lentas, que leer el telegrama el día después, pues no lo puedes resolver pero una noche de sueño plácido es invalorable. La angustia se desarrolla entre nacer y morir, un buen manejo de ella, solo lo racional permite vivir placenteramente, no permitas que te estreche, que te estrangule, que te sofoque, ese carácter penoso frente a un peligro desconocido inexistente, pero tendemos a ver la brizna de polvo en el ojo ajeno, o comparaciones.

CON QUÉ NOMBRE TE DESIGNARON

Los nombres son etiquetas para designar personas, pero poseen a su vez una carga simbólica sentimental, que produce un efecto social de acuerdo a cada sustantivo. El adhesivo en la frente es una marca, la trascendencia religiosa mucha veces, otra el recuerdo de un ser querido, un personaje de una novela, o hasta alegórico al artista preferido. Solo el calendario católico tiene más de 300 nombres de santos en su haber, es un formulismo para sembrar la remembranza.

El nombre que llevamos no lo elegimos, quizás no sea el más acorde con nuestra personalidad, de hecho que en la proyección y formulación de la imagen de un artista generalmente se le cambia por un apodo, o mucho más sonoro, extraño, y que se ajuste a la imagen se desea vender. Por ejemplo, un niño que por casualidad del destino de apellido lleve Bonaparte y lo pongan de pila Napoleón; si en la primaria resulta ser inquieto y con algunos destellos de líder todos dirán: «Con razón te pusieron ese nombre», y soportarlo será un peso para toda la vida, la conclusión: la etiqueta como patrón de referencia es uno de los primeros obstáculos por vencer en esta carrera llamada vida, donde cada metro recorrido creemos haber alcanzado la meta, cuyo premio al alma es la felicidad. Por eso la felicidad en cierto modo se elige, la desdicha es una opción que realmente es mucho menor si la sabemos dirigir. La felicidad esta allí para llenar esos vacíos.

DEPENDE DE CADA QUIEN

Cuando nos sentimos desdichados es reflejo de un pasado que avanza como un virus que contagia el futuro, que por más que queremos ya está escrito y de algo podemos estar seguros que no refresca, entonces de qué preocuparnos, en el pequeño detalle está el algoritmo, conocer día a día que entra a nuestras vidas, y cómo manejarlo, no en lo que ya salió, hay que recordarse de los aciertos y no de los fallos, esa nostalgia de recordar el paraíso perdido vale si y solo si cuando se retome «qué tiempos aquellos», así sea para un reforzamiento de implantación y de seguridad en la permanencia de la relación. Cada quien o cada cual comprender que la mente puede ayudar a aliviar y porque no curar, cuando hablas a solas no creas que le hablas al vacío, te hablas a ti mismo, si rezas no es solicitar a un ser divino que escuche nuestras plegarias, eso solo para cambiar nuestras propias creencias.

En un artículo reciente, La felicidad nuestra de cada día», del escritor peruano Alfredo Brice Echenique, expresa que «la felicidad es la condición óptima de nuestro ser terrenal» ¿Qué quiso decir con esto? Muy simple, cuando situamos al hombre como centro del Universo, la felicidad solo depende de nosotros, de quienes queremos y sabemos ampliarla y hacerlo frecuentemente, es una especie de telaraña que tiene la fuerza de no terminar y en cada nudo se desarrolla una relación de cualquier tipo, pero al fin y al cabo relación al fin. Por el futuro, si somos inteligentes y lo sometemos a un análisis con todos los elementos sabemos que es imposible predestinarlo y si vemos que depende de nosotros, cambiamos segundo a segundo por efectos exógenos naturales (clima, ambiente), exógenos del alma (provocación por otros de alegrías, disgusto), endógenos naturales (comportamiento del cuerpo por ingesta de alimentos o el período en la mujer envejecimiento puro y simple) y endógenos del alma (transformaciones por nuestro propio pensamiento), por ello es virtualmente imposible trabajar la desdicha como un campo a futuro; es posible que un mal funcionamiento en la niñez por todos estos efectos necesite de evaluarlos en principio con un examen de consciencia (central de procesamiento y evaluación) y luego hacer un despojo de todo ese lastre que carga el ser humano y que impide comunicarse, transmitirlo para evaluarlo y pasar esos temores al aire que se los lleve o el sol que los abrase eso si que no regresen a la estructura más genial que existe en el Universo, «el hombre».

> Este debe abandonar el disfraz que lo encierra, presentarse cuál es, virgen en cada instante, una autenticidad fuera de todo contexto. Puedo asegurar que la serenidad y la armonía interna siempre estarán en él.

TEN EN CUENTA EL MENSAJE QUE ENVÍA CADA SENTIDO

La misión: conseguir parte del cielo divino en la tierra. ¿Cómo lograrlo? El equilibrio emocional tiene mucho que ver con las sustancias que ingieres, cómo las engulles, donde el aroma de la sustancia (comida o bebida) tiene fundamentos, pues es uno de los sentidos que ponemos en prueba para alcanzar la felicidad. La textura nos devuelve nuevamente el recuerdo del pezón, primer punto de contacto en el mundo exterior como mecanismo de supervivencia, es la reacción al sufrimiento de una capacidad de autoalimentarse para luego encontrar la paz, a sabiendas de que el sentido de continuidad de la especie va a proseguir, los sentidos tienen que alcanzar como satisfacción de diversas necesidades y que son diferentes para cada quien, el placer por eso en parte el orgasmo, el clímax está prohibido en algunas religiones, «todo en demasía es malo».

Un mal olor es un estigma para ambientar el camino equivocado hacia la felicidad, por eso los perfumes existen y en muchos casos embriagan, te ponen en sintonía con algún recuerdo o situación, es un reforzador de la relación, todo esto depende de cuán desarrollado se tenga el olfato. Nada puede oler a descomposición, pues trae enseguida la fase terminal (la muerte) a colación, por ejemplo, si nos encontramos en un plácido sueño y percibimos olor a quemado inmediatamente la angustia y el miedo se apoderan de nosotros, pues es una señal que introducimos en el mejor comparador y seleccionador: el cerebro.

Wilhelm Fliess (1858-1928), el padre del biorritmo, médico, otorrino, amigo y compañero del padre del psicoanálisis, Freud, disertó sobre las relaciones entre la nariz como elemento receptor y los órganos sexuales femeninos, en su relación con el período (28 días) buscando cómo interconectar este centro nervioso con las fases de la vida y en cierta forma estaba en lo correcto.«No oler es morir». Quiso tratar la histeria en las mujeres con método quirúrgico, posiblemente extirpar era la usanza de la época en que realizó los experimentos, en post de encontrar la conexión.

El agua, un elemento neutro que no tiene olor, pero del cual está compuesto el 70% de nuestro cuerpo, ese equilibrio debemos mantenerlo, en la mezcla está el secreto. Hay olores ciertamente mágicos, todos tenemos un olor característico que atrae a machos y a hembras por igual, que disfrazamos sin intención premeditada para tomar la presa como un cazador furtivo, es el olor germinal posterior a la depuración de las sustancias tóxicas (orina, heces, sudor), los excesos que influyen negativamente sobre el estado de ánimo, por ejemplo, algo parecido es el instante después del baño donde el agua acaba de dejar nuestro cuerpo, dejando de lado el intercambio energético termodinámico de las temperaturas.

La medicina moderna no entiende de que el olor antiséptico del alcohol predispone al cuerpo a segregar sustancias de protección y acelerar el ritmo cardiaco que envejece más el cuerpo y el alma de quien lo posee, pues hay la idea generalizada que de alguna u otra forma el cuerpo va a ser sometido a una incisión que puede ir desde una simple inyección a una operación quirúrgica de grandes proporciones, que, para los médicos, tienen la conducta aprendida y son inmunes a tal situación.

El olor marino da su profusión en la concentración de yodo tan necesario para el crecimiento, funcionamiento nervioso y muscular, entra en los ingredientes de la felicidad, pues ayuda a la continuidad de la especie, tanto en su mantenimiento como en su crecimiento. No hay duda de que la vida se originó en ese medio acuoso lleno de sales minerales llamado *mar* y las células del hombre regresan a la orilla a oler la nostalgia del medio que lo vio nacer. La composición genética original en el árbol de la cadena no ha cambiado, ha ido mutando y esto lleva el hombre al océano como una necesidad función de vida. El sentido del olfato, básico en la atracción sexual, utiliza las feromonas al igual que los animales para conseguir el objetivo deseado. La humana es la responsable de los acercamientos entre los sexos que tratamos de esconder en paradigmas con fragancias y perfumes extraídos de las flores, cortezas de árboles, frutos, etc.

Los olores al ser una sensación resultante de un estimulo, dependiendo de su concentración e intensidad generan distintas señales, por ejemplo después de un suculento almuerzo, cualquier olor a comida se interpreta como una sobra, pues sobrepasó el límite de

> Un mal olor es un estigma para ambientar el camino equivocado hacia la felicidad, por eso los perfumes existen y en muchos casos embriagan, te ponen en sintonía con algún recuerdo o situación, es un reforzador de la relación, todo esto depende de cuán desarrollado se tenga el olfato.

aceptación del olor, lo mismo sucede con el olor de la atracción sexual, después de la cópula es simplemente un olor a sudor que pertenece en forma pragmática a una persona. Es decir, que los aromas por el ser humano están codificados y cada uno tiene su código individual, como aparear los códigos buscando alcanzar ese borde, en ese nicho de placer se encuentra parte de la felicidad. Conclusiones: el olor es un activador del pensamiento, por lo tanto desarrolla un número indeterminado de salidas de una situación en particular.

¡Qué busca!

Que sea apareada pero al igual que los árboles el código de olores hay que cultivarlo y no dejárselo totalmente a la naturaleza en lo que se refiere al espacio corto que rodea a las narices humanas, que en metáfora a veces ven más allá de la realidad circundante.

La orina, el sudor, el aliento y la saliva marcan un código para el apareamiento en la pareja, así como las glándulas apocrinas presentes en las manos, mejillas, cuero cabelludo y aureolas de los senos que funcionan a partir de la pubertad. Debemos dejar que la parte animal fluya, usar ropa de algodón podría ser una buena idea, es un material que absorbe el verdadero don del ser. La feromona humana aún en estudio es el arma fundamental para la compatibilidad en lo que a olor se refiere; ahora, según recientes estudios suizos, en un artículo periodístico del médico estadounidense F. Bryant Furlow, las mujeres que utilizan la píldora anticonceptiva cambian el sentido de preferencia por el sexo opuesto, pues modifica sustancialmente el sistema hormonal, volvemos al centro del círculo, no alejarnos de lo que la naturaleza nos provea, pues los cambios nunca los entenderemos.

Es diferente cuando a través del aroma de la comida comienza a entrar la sensualidad, pilar fundamental de la sensualidad. Laura Esquivel, escritora mexicana, en su novela *Como agua para el chocolate*, con sensualidad y realismo mágico, lo impregna muy bien.

Otro ejemplo: el mal aliento es señal de que orgánicamente la digestión no está funcionando, quiere decir que hay problemas en el sistema de absorción y depuración; el esfuerzo por mantener el acercamiento con los otros seres humanos conlleva a un sacrificio. Así también ese perfil a que nos referimos «entra por los ojos», las frases «qué bien estás» y «por fin te veo» no deberían eliminarse del léxico rutinario. La dirección de la mirada, ese poder subyacido, le gana en principio a los otros sentidos que termina en atracción, una actividad magnética, una energía que fluye, que tiene contactos táctiles con la piel y que define el arranque para ser feliz.

Cuando el hombre inmortalizó la flor, descubrió un modelo a seguir, colocar la belleza, como el despertar de la reproducción, un acto mágico de los sentidos, color, olor, hasta el gusto por el néctar, el polen, secretos de la felicidad, *azúcar de los dioses* (miel), algo que encanta a todos por igual, osos, nosotros, los insectos, el principio: la flor es el vehículo del universo para perpetuar la especie.

NO A LA SUMISIÓN NI LA IDOLATRÍA DE NADA NI DE NADIE

Cada ser humano es único, independiente, nace en un puerto, como un barco atracado en el muelle, amarrado, hasta allí el peligro de zozobrar no existe, no hay olas, se está tranquilo y apacible, el asunto comienza cuando sueltas la cuerda. ¿Cómo sobrevivir? Allí comienza la verdadera aventura, se suceden una vorágine de situaciones de alienación es bien difícil, pues podemos morir en el intento sino seguimos a la manada y nos dejan en el océano, donde además de los tiburones, está la inclemencia del tiempo. ¿Cómo mantener la individualidad? En principio, guardar silencio sobre nuestras intenciones, que son resplandecer y vivir en armonía, *por la palabra los conoceréis*, luego no pensar que por sumirte a una causa o a una persona está todo resuelto, es cierto que da comodidad por un tiempo pero a qué costo te quitan las herramientas que te entregaron para vivir, pues el sentimiento, la defensa, permanece apocada y despertarla después de un tiempo se torna difícil. Lo correcto es tomar de aquí y de allá y armar nuestro propio rompecabezas para que no nos duela la cabeza.

¿Cómo mantener la individualidad? En principio, guardar silencio sobre nuestras intenciones, que son resplandecer y vivir en armonía, *por la palabra los conoceréis*, luego no pensar que por sumirte a una causa o a una persona está todo resuelto, es cierto que da comodidad por un tiempo pero a qué costo te quitan las herramientas que te entregaron para vivir, pues el sentimiento, la defensa, permanece apocada y despertarla después de un tiempo se torna difícil.

FELICIDAD TRAE FELICIDAD

Felicidad trae felicidad. Es cierto, imaginemos el saco mágico de San Nicolás donde no se terminan los regalos y vas entregando en cada lugar sin tiempo de noche, de día, con frío, con calor, con la sonrisa nada falsa cuando lo logras. Ser abierto no en demasía para no ser fastidioso, ni levantar con ello el ego sino que en el fondo esté cargado de humildad, el optimismo definitivamente trae suerte, la lección es verle el lado positivo, *por algo suceden las cosas*, o *no hay mal que por bien no venga*. Aprovechar esa sonrisa como si fuera un buen trago o una excelente copa de vino que relaja, pues esa fuerza se necesita para las posibles caídas, esos recuerdos bellos que no por ser rápidas no estuvieron cargados de una ingente carga de amor.

EL MUNDO FELIZ, ALDOUS HUXLEY

Desde que en los últimos años comenzó el médico psiquiatra chileno profesor Armando Roa (1915-1997) a estudiar la Bioética, ciencia que se ocupa de lo que se puede o no lograr a través del uso de embriones humanos y de la manipulación del código genético, la felicidad se ha visto comprometida. ¿Por qué? Entra en función algo no establecido tan drásticamente como el derecho a elegir. Esta manipulación traería seres más saludables, más uniformes; comenzarán buscando, dependiendo del sexo, por los estudios antropológicos hechos, como máquinas para sobrevivir cual sería más eficiente, para el logro de tal cometido, apareamiento, y posterior reproducción con el mínimo gasto de energía, en el caso femenino por ejemplo sería cara pequeña con mandíbulas estrechas y poca distancia entre las facciones.

La preocupación por la descendencia es otra columna de la felicidad y eso lo determina el acercamiento al prójimo por medio de las hormonas. Parece que ellas se quieren juntar conocer, acercarse desde cuerpos diferentes, desde ese punto de vista podríamos ponerle el nombre de «Felicidad hormonal» y estudiar con acuciosidad sustancias como la feniletilamina, producida por el cerebro que pertenece a las anfetaminas, estimulantes del sistema nervioso central, en particular este alcaloide está relacionado con la química del amor, produce alegría, sentimientos positivos, ese efecto psicoactivo lo posee el chocolate, *el alimento de los dioses*.

La estrategia de la naturaleza es la reproducción y según el antropólogo estadounidense y anatomista funcional Owen Lovejoy (1943), después del *austrolopithecus*, apareció *el homus erectus* dada esa necesidad multiplicativa, entro en el bipedalismo, de brazos y manos para amar, recoger alimentos para su prole, la búsqueda primigenia de la felicidad. Esta discusión biológica tiene que ver con el equilibrio que debe existir entre la genética, la filosofía y la religión, donde cada una actúa independiente, y luego forman el nudo de coincidencia, la condición de resonancia ideal, la felicidad. ¿Qué sucede con nosotros? Seguramente sentimos alivio, paz y tranquilidad al buscar el contacto con el ser supremo, pues esto implica el goce eterno. La sociedad a veces busca esa satisfacción escapando de la realidad, así sea por corto tiempo, tal es el caso menos dañino de la pastilla *Prozac* o drogas psicotrópicas y alucinógenas más fuertes que dan ese placer huyéndole al dolor ya sea espiritual que corporal, lo mitiga, es cierto, pero las condiciones de quien lo practica va en franco deterioro. Es el caso de las píldoras PPG-5 fabricadas en Cuba y llamadas comúnmente las *píldoras del amor*, al ser derivadas de la caña de azúcar. En el desdoblamiento de las moléculas, hay alcoholes que fertilizan el cuerpo pero son únicamente picos en la onda de la vida, el comportamiento.

¿Cuál es el verdadero antidepresivo?, una respiración sana llena de oxigeno que libere los radicales y produzca antioxidantes. No es la fuente de la juventud algoritmo de la felicidad, pero desacelera los tiempos de envejecimiento.

Prozac es el antidepresivo de los 1990, modela el estado de ánimo y el principio de activación es por medios químicos, similar a un acumulador de automóviles, señales eléctricas en las neuronas de unas a otras que muevan el temperamento y actúan cambiando la fase en enfermedades nerviosas creadas por disfunciones cerebrales como la bulimia o la fobia. Hasta ahora no se le conoce contraindicaciones orgánicas.

Las ostras también tienen elementos que actúan sobre el hipotálamo, creando a veces reacciones impredecibles. Su riqueza en zinc, mineral necesario para la producción de testosterona hace su trabajo no en vano Afrodita la diosa el amor salió del cascaron de un bivalvo. Todas estas sustancias tienen un tiempo de acción y de reacción, pero sirven de soporte a los momentos de felicidad. Ese cambio que experimentamos inmediatamente produce cambios en los que lo observan.

El comediante Woody Allen define la felicidad en un instante: *cuando se tiene una erección en el momento justo*, ese pico de resonancia indica que a pesar de ser animal la reacción, dicha aseveración está cargada de una lógica, en justicia vale, pues ocurrió cuando lo necesitas, ni antes ni después.

El hombre, que es propenso a la tranquilidad, sino se le estimula queda sumido en la ignorancia más profunda, la felicidad viaja, tiene impulsos cada vez, no permanece estática, imaginemos un molino de viento en movimiento, por muchas horas cual es el momento más esperado, aguardar que se detenga para observar las aspas, ese instante recoge el deseo cumplido. Igualmente ocurre cuando en una relación de pareja te alejas, desde allí puedes agredir mejor al otro, ya que no ves cómo el otro sufre, el acercamiento es una función biyectiva de la felicidad.

LA CREMA ANTIENVEJECIMIENTO ES LA RISA

Reírse de uno mismo es sentirse ignorante, no conocerse a cabalidad, la yunta que une, de no ser así, cuerpo y alma van por diferentes caminos. Lo grande de la risa es que es lúdica, además de instintiva, y tiene sentido de grupo, es contagiosa, no en vano las series de TV la ponen como telón de fondo un coro de risas después de una pieza breve sarcástica, ayuda.

Está demostrado que a medida que se avanza en edad nos reímos menos, es decir, nos estamos arrugando, las arterias se están encogiendo, el mal humor aflora por todos lados el barco de la vida está haciendo agua, con solo grabarnos un día entero cada tres meses, como hacerse un examen de sangre nos daríamos perfecta cuenta, vale tomar los correctivos como cuando tenemos colesterol malo alto, o triglicéridos fuera de rango, sin necesidad podríamos cambiarlo con un poco de actitud sobre todo si sabemos que reírse incrementa la actividad celular, disminuye las enfermedades tanto físicas como psicosomáticas.

La risa debe tener el componente de felicidad no de burla, es tan así que te hace cosquillas a ti mismo y no ríes. El verdadero *leitmotiv* se identifica con lo risueño, que es lo que poseen los niños, una risa honesta de disfrutar con lo que ven y con lo poco que entienden y la comunión de sentirse satisfechos con el amor y con la salud imperante y con la comida que acaban de ingerir, un tetero lleno de proteínas, y para que más. En brazos tibios de una madre o de alguien con efecto en su defecto. Ser feliz depende mucho de esa actitud positiva, los problemas están a la orden del día parecen la página de atrás de los periódicos serios sin entrar en amarillismo, de que tiene de genética claro.

Los cómic, son el reflejo más exacto de la sociedad, pues tienen ese dejo de ironía, de cinismo de adultez, expresan de una manera simbólica, lo que es tan difícil de poner de manera cruda como es la miseria humana. Escalera de ejemplos, Mafalda, los Simpson, pongamos uno menos evidente para entenderlo, de Hanna Barbera estudio de animación estadounidense el cartón de Leoncio y Tristón, uno, Leoncio un león del Atlas, de color marrón claro, pecho elevado, de cintura de bailarina, delgado talle y con enormes zarpas, con la cola hermosa y larga con la borla de ocasión, figurativamente un dandi, con una considerable melena, que le cubre de la cabeza al cuello, sobre esa piel de siena un sombrero violeta, siempre sonriente y pícaro, y Tristón, una hiena moteada de color tierra, que tiene una cabeza abultada, ojos tristes, orejas sobre la cabeza en forma lanceolada. Su hocico de color rosado, un tanto elevado, con una muesca de disgusto. *Oh, cielos, Leoncio, qué horror*, la risa mordaz su cremallera de dientes deseosos de carroña. Es la contraposición de optimismo contra pesimismo, avanzas o te pasan por encima.

Ser feliz depende mucho de esa actitud positiva, los problemas están a la orden del día parecen la página de atrás de los periódicos serios sin entrar en amarillismo, de que tiene de genética claro.

MUCHO CUIDADO CON LA PERFECCIÓN IMAGINARIA

El ser humano es un reloj biológico, tiene un mecanismo extraño con la particularidad de poseer la sincronía. Todo tiene una función para mantener la vida, y que poco a poco, por las circunstancias que sean, ambiente, genética o azar, se degrada, va de la cuna a la urna. El asunto es creernos perfectos tanto en el sentido material como espiritual, podemos acercarnos dentro de los límites, ni a lo Platón cuando estaba en la caverna, la idea de la mesa es perfecta pero ella como tal no. Medir por nosotros quiénes somos, cómo somos, no por test, o por títulos, sino en lo más intrínsecos del ser, nos ayuda a crecer y a sobreponernos a los embates que se nos presentan, sobre todo sin culpar a nadie de nuestra imperfección, nacimos y somos así y punto, que si nuestros padres, que si estoy perdido en un maremágnum, la verdad es no escupir hacia arriba pues te cae, cada ser humano es perfecto en esencia, pues es único, y tiene una función desconocida, cuando es grupal puede ser como un enjambre de abejas, o el ejercito de hormigas organizadas, enhorabuena, que no se ve *a priori*, no interesa pues es la función de estar pisando tierra, demostrarlo es absurdo, hoy eres de una manera y mañana de otra.

CONFIESA NO TE REPRIMAS

Estar reprimido es como andar con un catarro mal curado, que no sale con ningún antibiótico, esa pared que contiene la fuerza para el desarrollo se vuelve inútil, es mejor que se desborde y que, pase lo que pase, pero que el agua del amor corra libremente. Ese sometimiento anquilosado provino de algún centro de poder en el sentido estricto de la palabra, algo que creíste o te subordinaste y ahora es una espada que te persigue y en cualquier momento te degüella: cuando este contenido te cohíbes de avanzar tiene un problema paralizante. Por eso, confesar es como vomitar una comida dañada, algo que te cayó mal, eso te entrega una paz que mejora tu estado de ánimo sin lugar a dudas. Ese fluir de emociones, siempre que no tengan el doble piquete de dañar a los otros, sino la propia expresión original, *no puedo vivir con eso, lo tengo atragantado en la garganta*, pues la consciencia siempre actúa, y nada ni nadie puede vivir sin tener esa fortaleza que es como el cerebro de nuestras actuaciones. Al confesar de manera inverosímil aumenta la gracia, nos llena de fortaleza, dejamos un peso atrás, hay que estar claro que es un acto de reconciliación con uno mismo, el propósito no es arrepentirse frente a un tercero, es una orden expedita del corazón, que quiere estar en paz y más cerca de la plenitud y fuera de las tentaciones.

VACACIONES SIEMPRE, NO VACACIONES DE VERANO

Innumerables veces hemos oído en el trabajo o en la oficina: «Fulano necesita unas vacaciones». ¿Qué son? Fundamentalmente, una alteración de la rutina, una modificación del rumbo de la vida, esto visto en términos de tiempo, es un ingrediente más para producir el cambio. Las modificaciones de conducta no ocurren tan rápido, hay que tener paciencia, el que posea el don del cambio, tiene para sí un arma suficientemente poderosa para lograr el máximo objetivo: la felicidad.

El hombre emigra por naturaleza, al principio por las glaciaciones, lo climático logro los desplazamientos, buscando calor, y la búsqueda de comida lo hizo caminar fundamentalmente, ahora el cliché es en pos de nuevas oportunidades, lo cierto es que lo mueve una necesidad biológica. El movimiento nos hace más felices, el sedentarismo en cambio siempre nos crea un tedio insuperable como que estemos al fondo de un aljibe, de un pozo, sin posibilidad de salir gritamos y escuchar nuestro propio eco, esa cuerda es el viaje, sin miedo, la máxima, algo pasa, se te queda una maleta, pierdes el avión, sobre todo conoces gente con costumbres diferentes, si viajas lejos hasta el color de los ojos, algo raro en tu lugar se vuelve común. La posibilidad de viajar es un don, así sea a la esquina, y debemos ponerlo en la lista de nuestras prioridades. La cantaleta es que no tengo dinero, claro, es cuando nos vamos por el punto de máxima resistencia, también por trabajo, aprendes un idioma, y después esas palabras hay que practicarlas donde son del día a día.

¿Cómo es eso de vacaciones siempre? Si sales a comprar el periódico, y compras siempre el mismo, compra otro: una revista de viajes te superará por el viaje y la aproximación al conocimiento y quizás descubra una receta nueva y te animes a hacerla, eso nuevo es una vacación cuántica podríamos decir, te permite serenarte dentro de ti mismo. Vacación bien del latín *vacans*, es decir vacío, estar libre, qué tal si la aplicarás durante todo el año, y no obligado pues así lo exige nuestro patrono, a veces llegan tan rápido y son tan bruscas que no sabemos qué hacer con ellas, y probablemente nos equivocamos, y lo hacemos como una rutina, si tenemos niños hay que sacarlos y lo más probable es que vengamos cansados y obstinados, de regresar al trabajo con nuestros amigos si nos gusta lo que hacemos, el asunto es no dejar espacios vacíos, dormir una buena siesta es vacación, el asunto es tener cerca el punto de relajación y de recreación en todo tiempo y lugar.

LA BELLEZA INTERIOR

La belleza interior es un sofisma, pero la frase tiene fuerza sobrenatural, viene desde los cuentos de hadas, cuando los príncipes se encubren de monstruos para que venda primero ese sentimiento de bondad, de alegría, esa fuerza que mueve los cimientos del amor del cual nunca no podemos escapar, es tan interesante, que un zapato como el de cenicienta, o un beso el de Blancanieves y tantos otros es quien define el paso de lo feo a lo bello, y lo externo pasa a segundo plano, la bella y la bestia, Shrek.

Por supuesto que la primera impresión es la que vale, sino los cuentos de los hermanos Grimm no hubiesen tenido éxito. Pero a medida que te adentras en el juego del amor, como la canción del grupo estadounidense Bee Gees *todo comenzó como un juego* es quien define la verdadera realidad. No es que los no agraciados usen otras argucias, sino que se ven más a flor de piel los sentimientos, pues no tienen la delgada película de la hipocresía. La felicidad es la suma de kilogramos de amor, en la balanza como una receta, pon algo más, o quita este poco, pruebas, hasta darle la sazón correcta.

EXPULSA TUS DESEOS

Los deseos reprimidos hacen daño, atacan en principio la cáscara, el cuerpo que envuelve y luego dañan el alma, solo di lo que quieres y si nadie te complace no te alteres, pero ya salió de ti. No hay nada más peligroso que los deseos escondidos, pues quitan la magia de los sueños, que si lo digo no se da, qué asunto más absurdo. Es al contrario: hay que decir muchas cosas para que se den algunas, por supuesto no podemos solicitar más de lo que hace la cobija para arroparnos, no puedes pedir como se le solicita al genio de la botella, dinero, placeres, princesas o príncipes, ni ser conformistas, pero en cierto sentido ser agradecido con la vida con lo que tenemos, y nos ofrece en el tiempo, darle contenido, y gracias, pues en la escala hay muchos que tienen menos recursos pero de repente son más felices, pues en esencia saben lo que quieren y la manera de sacar ese deseo es probable con la mirada amable, o las palabras acertadas, no importa si están llenas de mala ortografía, pero llegan al punto.

> No hay nada más peligroso que los deseos escondidos, pues quitan la magia de los sueños, que si lo digo no se da, qué asunto más absurdo.

TODO TIENE SU FINAL, RUBÉN BLADES

El hombre, en la búsqueda de la felicidad, se dirige a un final, pero para mantenerla viva tiene que someterse a una confesión consigo mismo por la vía de la realimentación: encontrar estabilidad con moderado crecimiento por lo cual al producir un cambio en nosotros y suministrárselo al sistema genera cambios en los demás en la búsqueda del equilibrio.

Para generar felicidad, es difícil tomar la realidad como punto de partida, el paraíso con su pecado original, lo dejamos atrás hace mucho tiempo, el presente pasa aceleradamente, quedándonos solo con el futuro cercano, por eso con extremado brillo el filosofo alemán Goethe lo afirmó en su novela *Afi-*

nidades electivas, en una oración: «De los muertos se habla sin reserva, y de los vivos, con cautela». Esto es trabajar con inteligencia sobre el pasado, pues no es modificable. Contemporáneamente en otro vector pero apuntando hacia el mismo concepto, Emil Cioran (1911-1995) filósofo rumano, también lo expresó de forma clara y fuerte: «Expiamos en una sola vida el devenir infinito», algo indisoluble siempre será una sola vida. Ese regreso al pasado a través de los buenos recuerdos nos da una sólida base para enfrentar un destino no elegido, por ello uno entiende la muerte de los otros, pero no la propia, ésta siempre le será ajena.

EL PASO DEL TIEMPO, *LAISSEZ FAIRE*

La variable tiempo modifica la felicidad en cada instante en la medida que avanza el reloj indetenible de la edad, pues se van sumando una cantidad de necesidades que varían, que buscan a través de los deseos, futuros placeres.

> La vida es un rompecabezas que podemos armar y desarmar cuando queramos, es la voluntad de querer hacerlo, un poco de empeño, y utilizar las estrategias correspondientes para lograrlo.

El cronómetro comienza con el primer latido del corazón, bombea 6 l/min de sangre es increíble, comienza a latir y concluye con el último suspiro. Teniendo ese pragmatismo claro, debemos trazar la trayectoria con sus altibajos, aproximarnos a la sociedad perfecta con la que soñó el pensador teólogo político inglés Thomas Moro (1478-1535) en sus disertaciones en su libro *Utopía*. El tiempo, tan complicado, que en el eje de la vida la alternabilidad de días buenos y malos, por la incertidumbre del destino se hace difícil de soportar. El psicólogo australiano Paul Watzlawick (1921-2007), es demasiado claro y evidente en su axioma fundamental: *es imposible no relacionarse*. En cada relación hay contenido, reacción, una metacomunicación. En su libro *Introducción a la infelicidad*, lo afirma, no es mentira la cantidad de suicidios los domingos, ¿por qué? La calma encierra el tiempo en algo muy largo, casi eterno, soledad y espera en este caso son amigas, para producir una situación de tal naturaleza que es absurdo la frase «no tengo tiempo», ese juicio a nosotros mismos es el peligroso, es muy sencillo juzgar a los demás, hay que generar paz interior para que el corazón ande tranquilo, esto nos aproxima ciertamente a la felicidad, ejemplos sobran.

La calma encierra el tiempo en algo muy largo, casi eterno, soledad y espera en este caso son amigas, para producir una situación de tal naturaleza que es absurdo la frase «no tengo tiempo»

En diferentes revistas encontramos relatos como el del millonario Donald Trump, que le propone matrimonio a Marla Mapples con la cual ya tenía una relación estable, pero esos asuntos de dinero que construyen distancias entre los seres humanos, lo cierto es que escucha en la radio que en un tren vía Long Island ocurrió una masacre. Fallecen siete personas, y se dijo «esto podría haberme sucedido a mí», es decir, la vida en el tiempo no vale nada, o la diatriba de amor, entre Capuletos y Montescos, la historia de Romeo y Julieta. Atrasarse o adelantarse a ese reloj de arena llamado vida nunca ha sido una excelente idea, o la frase contundente del escritor Gabriel García Márquez: «El tiempo descarta toda relación humana». En este eje nacimiento-muerte, hay tela que cortar en dos variables, cuatro combinaciones amor-amor, odio-amor, amor-odio y odio-odio, o en escalas de menor grado desavenencias o cariño, donde viene al dedo cuando coincide del escritor español Noel Clarasó (1899-1985) en que «no hay felicidad perfecta, pues cuando uno cree alcanzarla comienzan los temores de perderla», es el ciclo, y si al final de la vida entiendes de cuantos trenes pasaron y no lo tomaste, solo nos queda correr tras de él, alcanzarlo y buscar frente al ser supremo llámese como se llame, la fuente del goce, la vida eterna».

LÁZARO, LEVÁNTATE Y ANDA

El significado es profundo, cuando estamos abatidos por cualquier condición, siempre existe la posibilidad de levantarse y comenzar de nuevo, es un despertar, aquellos colores grises empiezan a tomar colores primaverales, sin duda. Esa frase *mientras hay esperanza, hay vida* es fantástica, caes como los niños en sus primeros años y casi inmediatamente se levantan, ese instinto nunca lo debemos perder hasta el final de nuestros días, es la energía vital, y tomemos como axioma que siempre habrá una oportunidad, no porque lo digan los otros, está en uno mismo.

LA ORILLA FASTIDIA, MEJOR EL CENTRO

La felicidad no tiene rodeos, apunta sobre el centro de la diana, pero nos empeñamos en dar vueltas alrededor de las carretas de los colonos del viejo oeste, en círculos cual indios piel roja, aquellos disparan y nosotros giramos, cómo cuesta entrar al centro.

El asunto es el ángulo de entrada. Me imagino que así será con las naves espaciales cuando regresan a la tierra después de múltiples vueltas alrededor del planeta: hay dos fuerzas, la centrípeta que te introduce y la centrífuga que te saca, en la felicidad es cuestión de girar al mismo ritmo y en un descuido ir bajando hasta acercarnos donde está el meollo del asunto: el corazón.

Nos da vergüenza preguntar por el deseo, o entramos en una órbita no adecuada, lo más económico es salir de eso rápidamente, sean amigos, conquistas, novios, padres, hay una manera correcta que es la sinceridad, y soportar los embates de un *no* o de un desagravio es que cada mente es un mundo y el rechazo está a la vuelta de la esquina, somos unos meteoritos del amor, quién sabe si pensando al revés las cosas funcionan, pues no esperes de los demás lo que esperas de ti, son genes diferentes, crianzas diferentes.

EL QUE BUSCA, ENCUENTRA

Andamos en una constante búsqueda, no sabemos de qué, una angustia permanente nos azota, habría que preguntarse para qué, si al final la ecuación es sencilla: de la cuna al sepulcro, para todos y que se sepa, de ese lugar nadie regresa. Podríamos decir las necesidades primarias: comida, vestido, pero no somos así, donde dejamos el placer, el hedonismo, lo sibarita de cada quien, hay un dicho que lo revela muy bien:

todo en exceso es malo, y es bien cierto, hay que probar de todo siempre que podamos saber con un poco de temor que no está en juego en principio nuestra vida y luego la relación con nuestros congéneres.

En principio, vencer la publicidad que nos atosiga: compra esto, usa aquello, viaja un mecanismo conductista al mejor estilo de Pávlov, es cierto, hay placeres mundanos del ser humano, *a nadie le amarga* un *dulce*, pero ¿cuál dulce?, sería la pregunta. Lo otro es imitar para ser aceptado por los demás, vestirnos casi de manera parecida, ahora con la cirugía estética parecernos, o los vicios, fumar, las drogas, el alcohol, los más fáciles de entrar, pues se consiguen en todas partes, incluso lo obsequian pero qué difícil es salir de ellos.

La mesura sería nuestro adalid, *perro que come manteca no mete la lengua en tapara,* parecería cómodo, o asceta, vivir así, solo que no te crea desazón por lo que no has obtenido, la lucha debe ser interior, ser mejor por supuesto, no ser ermitaño, ni hosco, ni envidioso por no tener ciertos asuntos, los materiales, que es donde más se afinca la sociedad del consumismo, y los espirituales, que son los hambres del corazón.

ATRAVIESA LAS APARIENCIAS

Quieres ser feliz, lo dijo Claude Chabrol, cineasta francés (1930-2010), entonces hazlo. Las apariencias son un espejo bruñido que hasta la sombra la da fuera de la realidad, siéntete quién eres y lucha por eso, esa frase del coloquio popular *las apariencias engañan*, es excelente.

Podemos aceptar de forma natural que estamos creciendo pero es difícil admitir que estás envejeciendo, ¿cómo llevar la carga natural de los años encima? Un poco a lo *babyboomer* de los 1980, experimentador, individualista, espíritu libre, orientado a causas sociales. Fue una tasa de natalidad inusual, un repunte de la postguerra, una explosión de nacimientos. La poca descendencia da más grados de libertad en la presentación actual del mundo, tienes más recortes materiales y espirituales para distribuir en un pequeño pero sólido núcleo familiar.

Estos recursos se agotan si el núcleo familiar envejece prematuramente, los lazos se disocian, se alejan y en último caso se quiebran para detenerlo, tenemos el arma, la sabiduría, que implica autoestima que nos permite llegar al final en una onda de largo descanso.

Disfrutar de los bienes en vida con los amigos, pues existe la posibilidad que los enemigos, cuando mueran, los derrochen, por lo cual la experiencia del ahora también ayuda a conseguir la felicidad, siempre que mantengamos dos conceptos intrínsecos en el hombre: la individualidad y sus instintos. Ser original, auténtico, ayuda a crecer y seguir con los instintos nos convierte en un sabueso social

Un ejemplo claro en la naturaleza de actitud y de presentación las flores ejemplo evidente las margaritas, tienen color y contraste, amarillo y blanco, y en el deshoje, me quiere o no me quiere, esa duda tan importante y telúrica, pilar fundamental de la permanencia viva del amor. Las fotos en blanco y negro, el contraste de grises, la nostalgia impresa por el nitrato de plata que paraliza la acción del recuerdo, algo que fue y que permanece en un archivo recóndito de nuestra memoria. Lo mismo ocurre con el celuloide pero de muchísimas imágenes superpuestas, similar al concepto de perfección de Platón en su famosa cueva en este esquema. Los personajes no envejecen, ¿cuántos años tiene Clark Gable en el largometraje *Lo que el viento se llevó* en el caso de los cómics de Archie, aún existe la malteada y la fuente de soda, ellos siguen siendo iguales, con sus características. El éxito taquillero de estas nuevas superproduc-

Los personajes no envejecen, ¿cuántos años tiene Clark Gable en el largometraje *Lo que el viento se llevó* en el caso de los cómics de Archie, aún existe la malteada y la fuente de soda, ellos siguen siendo iguales, con sus características. El éxito taquillero de estas nuevas superproducciones como Batman, Superman, etc., radica allí en bajar ese archivo al tiempo real, satisface el instinto de curiosidad de vivir desde un asiento con cotufas esa hiperrealidad.

ciones como Batman, Superman, etc., radica allí en bajar ese archivo al tiempo real, satisface el instinto de curiosidad de vivir desde un asiento con cotufas esa hiperrealidad. Compartir esa experiencia cierra el círculo hacia la felicidad permanente, esa transmisión aumenta el amor y el apego es donde nos volvemos vulnerables y no por costumbre, como normalmente nos atrevemos a decir, como excusa tonta sino el hecho de haber vivido tantos momentos buenos y malos que se vuelven un todo que no en vano en la religión católica en el juramento aparece esa cantidad de advertencias en relación a la unión. Pareciese una tautología la conclusión *el que no ama no entiende el lenguaje del amor*, en resumen, quiere decir que no transmite, permanece apagado, es inerte, oscuro, apagado, su sistema vibra, corazón, neuronas, etc., pero se llega a la conclusión de atreverte a decir que el viento tiene más fuerza.

EL OLEO FAMOSO TIENE UN MARCO MEMORABLE, EL TIEMPO

El tiempo como marco de la felicidad es muy interesante, es su permanencia y es uno de los andamiajes de la felicidad. Una manera de entenderlo es por ejemplo a partir de conceptos emitidos en la poesía persa del Rubaiyat del poeta, matemático y astrónomo persa Omar Khayyan, donde nos dice, en uno de sus cuartetos: «Goza el fugaz momento que es la vida», que pudiéramos compararlo siglos más tarde hasta con la teoría del padre de la relatividad, el físico alemán Albert Einstein (1879-1955), donde «un segundo no es igual a otro segundo» y «nada hasta ahora supera la velocidad de la luz», bajo estos conceptos pareciese que la felicidad no puede ser permanente, pero precisamente basado en que nada es estático, la felicidad sufre una serie de mutaciones por el hecho de que está regido por sistemas cuánticos, el principio de incertidumbre del físico austriaco Schrödinger (1887-1961), tocarlo o percibirlo, lo modifica íntegramente, entonces pierde la naturaleza originaria.

EQUILIBRA DESTINO E INSTINTO

Pareciera complicado poner los dos, destino e instinto en la cuerda floja, sin red de soporte para evitar la caída dentro de la carpa del circo de la vida, pues el destino, como sabemos es ineludible, inevitable, y en general es el fin no escogido en contraposición con el instinto que tiene mucho de libre albedrio, pues es como una animal que pulula, camina entre sabanas, bosques en busca de la presa hasta que al fin sin conocer exactamente porque él, la obtiene, es una proyección de supervivencia, hambre. La felicidad funciona más o menos así, a veces creemos que la providencia navega con nosotros pero es solo un viento de cola que nos permite avanzar, en comunión con lo que diga el capitán del barco, su experiencia previa, en algún momento estaremos detenidos, no habrá viento o quizás una tormenta de frente, entonces vale tomar la mejor decisión, que en realidad no quiere decir nada, pues igual todo puede resultar según las profecías o los augurios, lo cierto es que la intuición, resguardándose sobre la interpretación de los símbolos, puede llevar al barco al puerto del amor verdadero, el asunto es que barco parado no gana flete, entonces, cual Simbad el Marino, debemos salir a buscar nuevas aventuras.

RODÉATE DE VERDE POR DENTRO Y POR FUERA

El verde es el color de la naturaleza, joven, vigorosa, no en vano decía Mahoma: «El agua, el verdor y la cara hermosa para ser feliz», el verde es el color del Islam, pero fuera de ese contexto, pues viven en el desierto, el verde tiene la clorofila, que es función de la vida, depura las toxinas y limpia el organismo *cuerpo sano mente sana.*

Ser feliz es no contradecir la naturaleza, ella tiene una manera de ser, lo sabio es adaptarse a ella, tratar de cambiarla vienen las mutaciones, enfermedades como el sida, la resistencia de los Anopheles, las bacterias, es decir, la potenciamos de manera geométrica, ella no se deja dominar, y cada vez que lo tratamos se arma de mayor valor.

Es cierto, no somos herbívoros, pero no cae mal comer bastante verde, berros, acelgas, espinacas, en sus diferentes matices, así la energía fluye.

AMA LO QUE HACES CON FERVOR

¿Cuál es la manera más eficiente para que los malos pensamientos no lleguen? No desviar los objetivos planteados firmemente, no oír voces agoreras, no buscar vericuetos o posibles caídas, no arropas ni impresionas, el amor sin palabras con gestos, acciones, que permiten a los demás reconocer que no hay ningún tipo de hipocresía en cuanto al acto a realizar en pleno. Ese entusiasmo hace brillar los ojos, que no es más que salud para el alma.

Esa eficiencia al actuar disminuye el estrés a cero, pues estás concentrado en lo que ejecutas, ojo sin saber los resultados, pero mientras lo estás intentando te sientes feliz, qué tal si pasamos la vida intentándolo, nunca nos deprimiremos, pues estamos en constante movimiento pensando cómo lograrlo.

MÚSICA NO SOLO PARA LOS OÍDOS TAMBIÉN PARA LA PIEL

¿Qué hace la música? La presión de la onda sonora choca con la piel e intenta movilizar los intersticios de la piel haciéndola vibrar, hay ondas que no se escuchan, que por su baja o alta frecuencia el oído no las capta por su limitación en la curva logarítmica, pero llegan al cerebro por otras vías, por eso no es lo mismo escuchar música a través del filtro de un equipo de sonido de alta fidelidad que hacerlo en vivo, donde está implícita la cuerda y la madera. ¿Qué hace la música, no el ruido? Tranquiliza, adormece, enternece, es el lenguaje de los dioses, estar en música es estar joven, no hay duda, pues no solo renueva la piel, las cremas o el cuidado, el contacto con esa presión sutil le arranca loas a ese sentido llamado piel.

Esa palabra, transmisión», es clave, hay que ver la embriaguez que produce unirse a otro en un instante en la práctica, es vivir en la eternidad, el elegido de ambos lados brilla y da resplandor. No puede haber rencor en esa conexión pues aparece la inseguridad y la desconfianza. Por eso, la felicidad la elegimos sin duda, es claro que sin dinero, sin belleza y sin apoyo podemos lograrlo siguiendo solo el dictamen, primera cosa, la voluntad de ser feliz, cambia el nivel de señal/ruido a tiempo. La oración «estoy contigo hasta el final» es el nivel de señal qué llega a nuestros oídos como un coro de los niños cantores de Viena o, más aun, el sonido tintineante de campanas de cristales celestiales.

TRANSFIERE, CEDE

El amor es diferente en cada cultura. Tal como lo concebimos hoy en día, nació y cambia con el ambiente, con la situación a su alrededor, todos estos argumentos de compartir y transmitir vienen de la atracción sexual producto de la época de celo, claro, a ese instinto es que nos hemos referido que no podemos por ningún motivo que se marchite o se extinga, pues es la fuente de la cual se alimentan todos estos argumentos. Los sentidos, que son las antenas y los transmisores, deben estar en excelentes condiciones de expectativas para comunicarnos, y si falla uno, hiperdesarrolla los otros. Ejemplos sobran: sordo al final de su vida, Beethoven; José Feliciano y Steve Wonder, ciegos, músicos de alto nivel. Cuando respiramos profundamente y llenamos de oxígeno todo nuestro cuerpo, estamos renovando y limpiando esos equipos de recepción y transmisión, lo mismo que se depuran las sustancias tóxicas que invaden nuestros organismos (orina, heces, sudor, etc.). Un secreto de la felicidad es dejar en el cuerpo solo lo necesario para mantener el equilibrio térmico y electrolítico que permita que la actividad motora no se detenga y la máquina llamada hombre no se detenga en su afán de transferir su conocimiento dentro de los límites de tolerancia. Ese equilibrio tiene mucho que ver con la combinación de comida, bebida y respiración y sobre todo el ambiente donde te desenvuelves. Tener en cuenta el cuerpo ayuda para transmitir llanto o risa si es necesario con la fuerza suficiente para compartirla, lo que no quiere decir que es una guerra de *hardware* contra *software*, los fuertes contra los débiles, sino el argumento de la salud en términos del equilibrio, edad, en resumen, un equilibrio dinámico, ambiente, etc., ya que los sentidos son los motores que mueven los sentimientos, bien la frase del filósofo Emil Cioran lo dice: «El silencio de los ojos», cuando se percibe es extremadamente peligroso, por eso, la pasión es el extremo de la indiferencia, cualquier «está prohibido» lo detiene, que es el caso de la civilización occidental, donde los cercos y tabúes nos hacen el camino hacia la felicidad mucho más largo y empinado. El «brillo de los ojos» es el límite superior a inundar de lágrimas un momento de felicidad, es un estado de excitación difícil de lograr, pero tenemos siempre que buscarlo e intentarlo, esa aceleración de que los ojos son la experiencia del alma es verídica y a veces no entendemos cómo el alma, siendo transparente, puede muchas veces estar triste.

¿Se puede ser feliz teniendo nostalgia? Cualquier recuerdo que traiga a colación un momento agradable en su contexto emite la frase ¿de qué te ríes?, no enlazándolo a lo que sucedió después, ni la foto, ni la película, son solamente copias para pensar no vivir ese momento inolvidable, es el sentido de la vista el que recuerda, igual si se trata de un perfume, trae al presente ese vector del momento. ¿Puede uno vivir lleno y feliz de los recuerdos? Definitivamente no, el recuerdo es una cadena que te une a un secreto similar al título del libro del poeta chileno Pablo Neruda (1904-1973), *Confieso que he vivido*, cómo elegir supuestamente lo que es bueno, olvidar los desastres donde nos inserta la vida. ¿Qué es lo bueno? Algunos dirían «haz lo que quieras y vive como te sientas mejor», la dificultad está en el rebote de hacerlo, una vez bien y cientos de ellos mal, pues los demás adaptan sus incomodidades para preservar la selección natural y la especie y aislante sin que en un momento te des cuenta y sin motivo empieces a sentirte mal sin que los otros pongan palabras sino gestos y actitudes que compliquen la situación y logren su objetivo, hacer que te sientas mal. Si lo llevamos hacia adentro, Neruda acierta cuando expresa la probable felicidad, ofende a muchos, el caso «es que» soy feliz, por dentro con la conciencia tranquila y la inteligencia intranquila.

¿Se puede ser feliz teniendo nostalgia?

La individualidad no funciona en la felicidad permanente; es cierto que la soledad te da paz y sosiego, pero luego de haber acumulado muchísima experiencia y tender la habilidad de recordarlo con lujo y detalles, no tener a quién contarlo es tiempo perdido, es difícil ser tú y yo al mismo tiempo, la frase *libertad de expresión* es la necesidad como el hambre de querer decir lo que piensas, liberarte de ese bozal que te frena, ser tu propio palafrenero.

El aislamiento y la soledad voluntaria buscan llamar la atención, es un ego suprimido del que se cree Mesías y que al final todos correrán tras él. En la felicidad nadie corre tras otro sino pone sus soles a brillar y sus lunas a girar para crear el impacto que logra la comprensión sin implicar un convencimiento o sacrificio, únicamente una elección distinta.

CAUSA Y EFECTO

Cuando el gato se muerde la cola cierra el círculo, maúlla, pero de dolor, y después se ríe de lo estúpido que fue. La experiencia es una consecuencia de una acción anterior, *todo se paga en esta vida*, en eso difiere del budismo que tiene el karma como su principal alfil. No debemos entregarnos en lo que está sucediendo a nuestro alrededor, tienes el poder de discernir, que la maduración de los hechos provenga de la amalgama entre lo que produce el evento y su consecuencia.

MIRA EL HORIZONTE, LA TIERRA ES MUY SUCIA

El horizonte tiene una particularidad, nos hace sentir que no nos movemos, que la tierra es plana, y eso en cierta forma nos entra quietud, seguridad de que no nos caemos, que tenemos los pies bien plantados, que todo gira alrededor de nosotros, que somos antropocéntricos, centros del mundo.

En el océano es donde más se consigue horizonte, tiene el color de la quietud, el azul, nos hace sentir pequeños frente a la inmensidad.

VIVIR, NO ESPERAR A NADIE

Cuando esperas, te detienes, y la vida pasa de largo, es un juego de béisbol sin innings, batear permanentemente, puede que nos agarren *out* o tomemos una base, y a correr o intentarlo cada vez que tengamos el turno de hacerlo, no queda de otra.

El que espera, desespera, dice el dicho, es un constante avance, nos entregan el testigo como en el juego de relevo y corremos en post de la llama del Olimpo, que el fuego no se apague, siempre encendido.

LAS NECESIDADES SENCILLAS

Para vivir las exigencias son muy pocas, pero estamos empeñados en pensar que necesitamos mucho, la capacidad de sobrevivir es tan grande que podemos estar tres días sin ingerir alimentos, si fuese el caso. La fortaleza interna debemos mantenerla intacta, es lo que nos hace seguir adelante, pues los tropiezos, los problemas, están a la orden del día, sobre todo en un mundo convulsionado, basta ver la prensa, los noticieros de televisión para darnos cuenta, y sin embargo estamos vivos. Si estableces el círculo de la sencillez y la humildad, los avances serán progresivos con los que nos rodean, pues se fijan mucho en esa capacidad de sonreír no forzado, de conformarse con lo necesario, ahora si vienen cosas bellas, buenas, enhorabuena, verlas como regalos de la naturaleza de Dios, todos somos exactamente iguales, pero las virtudes y dones son diferentes, para cada quien es la manera, cómo y cuándo llegan, y porque llegan, no es solo estar en el momento preciso donde ocurre el evento, sino hay que ayudarse, pues en soledad nadie vendrá, en el movimiento está la respuesta al acertijo. Mientras más tienes, más necesitas, pues te vuelves un inútil social, te quejas de todo ¿por qué a mí? Ves la brizna en el ojo ajeno, no es necesario, solo contemplando un árbol puede llenarte de regocijo si lo haces con la humildad plausible.

LA VERDAD VERDADERA LA SABE UNO, MENTIR NO VALE LA PENA

Uno de los grandes problemas de los seres humanos es la línea divisoria que divide la mentira de la verdad, pues se dice que la verdad como tal no existe, pues la verdad tiene sus ribetes cuánticos, no sabemos dónde está, lo que hoy es cierto, mañana podría ser incierto en el macro mundo, lo cierto es que cada quien tiene su verdad, que la dicta la consciencia, y en lo más profundo de su ser lo sabe y qué triste es mentirse uno mismo, eso no dura mucho, pues en lo que el maquillaje se va, o la noche llega, aflora de una manera increíble y nos golpea la cara de una manera impresionante. Lo mejor para andar tranquilo es *quien no la debe no la teme*, no es que vas a vociferar a diestra y siniestra tu verdad, pues eso cae mal, pero con que la sepas andas más tranquilo y conoces de tus limitaciones, y eso reconforta, pues eres capaz de reírte de tu propia inocencia.

HAZ TU PROPIO DIAGNÓSTICO

Cuando sentimos que no somos al menos parecido a nosotros tenemos una afección del alma, un virus espiritual, debemos saber determinarlo. ¿Qué pasa? y ¿por qué sucede? Y medir el grado de afectación, qué nos está faltando, dónde está la carencia y a qué se debe la apatía. Cuando veamos que nos estamos poco a poco apagando, nos quedamos sin combustible, o al cuerpo, como un automóvil le cuesta encender, pues no olvidemos que el cuerpo habla, es que estamos en un círculo vicioso el cual debemos urgente salir, pues mientras tengamos la adherencia, amarrados o aferrándonos nos permite enlazarnos con otros asuntos, conectarnos, salir adelante.

Los sentimientos son muchos, podemos de ese repertorio eliminar, como en el iPod, lo que no nos gusta o lo que la gente no oye, lo cierto es que es difícil ser su propio médico, intentamos que alguien nos diga lo que queremos oír, pero no hay nada más fuerte que las voces agoreras, dependientes de supervivir, *quítate tú para ponerme yo*. Lo único que poseemos es a nosotros mismos. Lo que se define como bienes materiales, siempre han sido de quien los utiliza, el caso típico del chofer que maneja el automóvil del jefe, entonces ¿de quién es el automóvil? Obvio que es del chofer.

Cúrate, déjate llevar por tu propia mejoría, y lo sabes cuando en el primer bostezo no te duela nada, respiras y piensas en el futuro y no en el pasado, adiós con las antiguas radiografías del espíritu, no sirven para nada, solo para recordar, pero no para tomar una decisión, pues aquello, el recuerdo, se fue en tiempo y en espacio.

ELIGES O TE ELIGEN

¿Felicidad permanente y elección andan juntos? Todos los días estamos presionando dos teclas: seleccionar un campo y luego elegir un punto. El asunto es que por hábito podemos seleccionar y elegir lo mismo siempre, como una conducta animal, depende del cuadro que se nos presente si es el mismo.

El asunto es que dado un tiempo obviamente elegiremos a otro, pues el sentido de cambio es por acumular recuerdos diferentes, es la base estructural de una función de vida, así lo desarrollemos de manera inconsciente.

El payaso del circo en el escenario, de la carpa elige al de la primera fila, lo señala y el tonto se pregunta ¿yo? Y el payaso lo engaña y lo sube a las tablas, para hacer con él lo que venga en gana frente a la risa de sus congéneres en el público.

La elección en cada momento eleva los sentimientos y paradójicamente te sientes ganador y victorioso, crees que no estás en el planeta para deambular, comer y protegerse del clima cuando sea necesario, los cambios renuevan, te sientes otro, hay la curiosidad de aprender del otro, todos en algún momento nos hemos sentido cansados de un tercero, es cuando comenzamos a ver defectos, cada palabra es hiel, veneno, no siendo así, probablemente han sido las mismas, pero se perdió lo angelical de la comunicación, todo es ya, ese cambio es saludable, sin duda para cualquiera, pues tienes que sacar lo mejor de ti para mantener la relación, el asunto radica en la elección, cuando estamos pensando que dominamos la situación es cuando menos tenemos control.

> La felicidad es un estado de equilibrio distinto al que la humanidad ha mostrado hasta ahora, el equilibrio al cual me refiero es dinámico, es capaz de interactuar con el medio, adaptarse y seguir igual.

La timidez es ocultar sentimientos, cuando afloran salen confundidos, no se puede esperar a que el otro se desenvuelva. Es cierto que hay dos oídos y una boca, pero solo tiene altura, tono y timbre, la voz no es que sea necesaria, pero es presión de un sonido a la sensibilidad de la piel que tiene el lenguaje, que hace vibrar y poner los sentimientos en la superficie.

Miedo, ¿miedo a qué? Claro, miedo a la herida, pues si te desangras no hay duda de que sobreviene la muerte. Ese *yo* fuera de sí, cuando cada quien cree que es una gema y es capaz de estar en gracia *per se*, duerme tranquilo se encuentra protegido.

Permanecer no es sencillo y sobre todo con el corazón en la mano, que tiene infinitas entradas y salidas. El virus del engaño mata suave y lentamente, con una introspección que circula a través del mismo. Una manipulación del alma para supuestos fines propios, una tontería que se devuelve en forma de látigo y destruyen un verbo tan importante en la felicidad como creer. La verdad es relativa depende en lo que se crea, cada quien tiene su verdad pero una sola creencia cuando hay duda e incertidumbre regresamos a la selección. ¿Se puede elegir en la duda? Por supuesto que no, es totalmente relativo y el golpe de suerte por probabilidad tomando el riesgo de adivinar puede ocurrir, pero armando el equipo tan rápido que parezca predestinado.

Decía el filósofo alemán Goethe en su libro *Afinidades electivas* que el hombre inteligente cree que todo lo que lo rodea tiene el sentido de lo ridículo, por lo que se le hace muy difícil alcanzar la felicidad, pues ese pensamiento lo lleva a un sentido de inconformidad muy fuerte, que en la medida que más información acumula le crea un mundo de confusión y angustia poco soportable.

> La verdad es relativa depende en lo que se crea, cada quien tiene su verdad pero una sola creencia cuando hay duda e incertidumbre regresamos a la selección. ¿Se puede elegir en la duda?

La inteligencia ve la vida en un espacio ideal, el sueño como tal, pero ciñéndonos a la verdad es que debería ser mejor que estos, por ello los sabios terminan siendo melancólicos, o buscando nuevos paradigmas más allá de las religiones tradicionales, encontrarse con la paz interior. Un ejemplo fue el libro que publicó el escritor estadounidense L. Ron Hubbard (1911-1986), la *Dianética*, precursora de la Cienciología, simplemente una respuesta a un cambio existencial basado en crear un estado de ánimo y autoestima en el reflejo contrario del espejo, allí están siempre la violencia, contaminación, corrupción, etc., y nos llevan irremediablemente hacia el sufrimiento humano. Esos fenómenos de masa sin culto en un ser superior tienen efectos multiplicativos que se extienden y se desvirtúan del sentido original por el cual fueron creados, ese «estado espiritual óptimo» no existe, pues los asertivos exteriores no son tomados en cuenta pero sí ayudan a detener la hemorragia en la cual se sumergen los individuos cuando no le ven un sentido a su vida y creen que el precipicio está a pasos en todas las direcciones de donde se encuentran. ¿Qué hacer para evitar los impulsos destructivos creados por la inteligencia? Desaparecen o anulan a Tanatos es imposible, es necesario para la existencia, es el control y equilibrio al que debemos llevar, evitando a toda costa que se vuelven sobre sí mismo por no poder destruir, entonces concluye autodestruyéndose.

> Conceptualmente, la inteligencia debe suponer que todas las mañanas en la ventana el sol estará allí hasta que se demuestre lo contrario. Pareciera simple, pero es más complejo de lo que parece, pues comienzas a entender que estás vivo.

Por eso, la felicidad puede ser comparada con un reloj de arena que no se detiene, pues nosotros creamos los minúsculos corpúsculos de polvo y ellos se dosifican a través del cono invertido de la clepsidra, no en vano la pensadora y novelista francesa Simone de Beauvoir (1908-1986) dijo en su oportunidad: «Me enamoraré el día en que un hombre me subyugue con su inteligencia, su cultura y su autoridad» ¿Por qué el mando? La jerarquía no puede ser vista como un término proveniente del machismo, sino como el riel al cual debes adosar el amor, es cierto que la felicidad se aproxima aceptando, nunca dejando a un lado, la autoestima necesaria para valorar el lugar en que estás colocado en el amor. Freud admitió «sin ley no hay deseo» el que crea cultura no regresa a la barbarie, pasado que oprime el concepto de felicidad. Esa cultura es la fuente entre las diferencias que puedan ocurrir entre las personas no por la vía de la manipulación sino por el entendimiento a carta cabal, basado sobre un tesoro; la reputación, ésta es el arma de paz para negociar cualquier actitud divergente. Debemos renunciar a la posición ego centrista, elevar la posición de individuo y verlo como un ser auténtico, esto nos llevará con seguridad a comprenderlo mejor. Nunca debemos perder el don de la palabra. Jean François Lyotard, filósofo francés (1924-1998), uno de los padres de la modernidad, afirma que repetir es perder el lenguaje típico maestro-alumno, no permitir en la relación por el discurso del «que calla otorga» y se vea esto como un derecho cuando la Revolución Francesa se ocupó de eliminarlo.

ABRÁZAME POR FAVOR, LO NECESITO

El silencio siempre será un argumento poderoso que puede ser representado en un abrazo hecho sin pudor y entregando la carne casi hasta que se sienta que los huesos se salen de los ligamentos.

El mejor somnífero para sofocar la soledad y las penurias es el abrazo, lo ayuda a sentirse bien en función del otro, es la coraza definitiva de protección dejando fuera de sí el espacio vital que cada quien posea y que en determinados momentos nos impide ser felices.

Tocarse definitivamente transmite amor y apego, es una confusión de cuerpos que se llega por varias vías, ¿por qué? Ese placer se intuye al tenerle miedo al dolor, si el dolor es compartido aminora la carga por efecto de la compasión entre ellos mismos, creando un grupo más o menos homogéneo entre los que los padecen, ejemplo: Cristo en la cruz rodeado de dos ladrones, en ese momento no importaba la condición social o religiosa, sino el colectivo del sufrimiento, es lo mismo, inmediatamente que nos enamoramos también somos presa fácil para sufrir. La represión lo transforma en dolor con consecuencias impredecibles para el ser humano, allí se siente solo sin asidero, flota únicamente, cuenta con la respiración como medio para aferrarse a la vida, ¿cómo luchamos contra ese miedo? Buscando el reposo conforme y espiritual, el yoga es uno de ellos, que nos lleva a colocarnos en un limbo que eleva nuestras plegarias a una plataforma de meditación sobre nuestra situación carente de toda lógica y razonamiento ulterior.

La ausencia del ser querido en todas sus manifestaciones es un dolor que contradice la flecha de Cupido y la convierte en una lanza similar a la que se usó para darle fin a Jesús, esa angustia crea desesperanza que debe ser erradicada a todo nivel.

Aseverar que hay un lugar donde se puede ser feliz alguna vez significa que puede volver a ocurrir algo muy tonto como comerse de nuevo una manzana del génesis que alimenta al fin y al cabo, cabe a tomar otra reflexión inherente al estudio, paraíso y la felicidad van juntos, a Adán no lo engañó el objeto manzana sino el color rojo, una fantasía reprimida del deseo, así como también la forma de corazón voluptuoso, augurando formas donde los estímulos lo incitaron a cometer, la torpeza como una traición porque lo increíble es saber a ciencia cierta que ese era el lugar seguro donde se permanece en felicidad.

Es probable que cuando lo entendamos al final de la vida solo nos quede arrodillarnos y buscar hasta por las hendijas a nuestro Dios, dependiendo de la creencia, como fuente de goce de la vida eterna.

Hay quienes argumentan que la felicidad solo la responde la religión, es cierto hasta cierto punto, no es casualidad que la palabra felicidad comience por *fe*, hay que creer en algo, en principio en uno mismo, te da seguridad sobre lo que pisas, no importa que a los ojos de los demás estés equivocado, pero te sube la autoestima, miras a los lejos y alto, la fe, como lo expresó Goethe, sembrar no es tan difícil como cosechar, esperar con fe un acontecimiento y éste se produce es un verdadero reconocimiento a la fe. Una boda termina moviendo nuestros cimientos, ¿por qué? Es un acto de esperanza, es un reconocimiento a un sacramento al cual se llega la mayoría de las veces por una creencia

Una boda termina moviendo nuestros cimientos, ¿por qué? Es un acto de esperanza, es un reconocimiento a un sacramento al cual se llega la mayoría de las veces por una creencia exacerbada, aparte que podíamos inclinarnos perfectamente que es la muestra.

exacerbada, aparte que podíamos inclinarnos perfectamente que es la muestra. Así, es el ser humano que busca alguna luz que lo ilumine sin lugar a dudas, lo hace nómada no necesariamente por comida, sino por alimentos para el espíritu, ese movimiento es el que lo hace grande y lo hace «mover montañas», ¿qué habrá del otro lado del lago del océano o de ese corazón? Perseverar es vencer siempre que «el corazón», ductor de las emociones, tome el sendero correcto, por ejemplo, amor a primera vista y el corazón aumenta las pulsaciones y termodinámicamente recibes la orden velada de alcanzar la felicidad, pues la verás al cruzar la esquina, solo saltando algunos escollos morales dictaminados por la sociedad, ese evento, si se materializa y se madura de ambos lados en forma correcta, lo más seguro es que tendrá el éxito esperado, basado en una esperanza cierta, ¿cómo se produce? En un principio vale el acercamiento erótico para mantenerlo, hay que permanecer independiente sin que uno dependa del otro, luego el idealismo se necesita de una adoración profunda entre ambos para que esa semilla erótica germine y crezca, realmente no se necesita que el hombre sea el complemento de la mujer o viceversa, simple aprecio y elevación sin que en ningún caso ninguno de los dos, la autoestima, luego la integración en todas sus escalas, no siempre la felicidad está en nuestras manos sino en el ambiente que nos transforma y nos ajusta a la realidad.

FÁCILES DE LEER, DIFÍCILES DE ESCRIBIR

Podemos leer una persona pues es un retrato o, en términos, modernos una fotografía en tres dimensiones, su actitud frente a la vida, qué quiere, qué desea, al menos en ese momento, pues son pequeños despertares que nos hacen cambiar de punto de vista, el asunto es cuando tratas de escribir lo que ves, es imposible, pues la foto cambia cada micro segundo o menos, y lo que hoy supuestamente funciona de una manera mañana puede ser de otra. Cómo ha cambiado, ya no es el mismo, siempre lo fue pero no supiste leerlo, reescribirse cada día.

Las expresiones de felicidad, es decir los emoticones lo dicen todo, símbolos, figuras. Toda la memoria fotográfica es la base de la integración. Desde niño cuando la memoria está vacía, mas la curiosidad innata da adelantos geométricos, no es describir, sino la manera como estamos desde la partida de nacimiento hasta la inscripción en la lápida.

GRACIA Y ESTÉTICA

Qué hacemos, nacimos desnudos y allí es donde debemos absorber que nuestro comportamiento a lo largo de la existencia debería estar lleno de gracia, después, que a lo largo de la vida la sociedad inserta el pudor que modifica el erotismo, por los miedos, aprehensiones a ser observado.

El guion para hacer el amor *la famosa luz apagada*, para desatar las pasiones y dar rienda a la imaginación a oscuras. Es cierto que la felicidad en cierto modo tiene que ver con la estética como razón de ser, pero ensamblada bajo un perfil de piezas de acuerdo con el código genético que debe encajar, ese *guardar las formas*, tiene reflejado el siguiente paradigma: *lejos no te miran, cerca te pones en evidencia*, es decir, que es relativa a la armonía en el ciclo en el cual estemos insertos, de acuerdo con los dictámenes que maneje la moda en el tiempo que toque vivir, es menester absorber parte de ese erotismo transparente pero presente en el ambiente. La creencia de que es eterno el hombre lo hace equivocarse en su relación con la felicidad, lo regulariza, lo hace insoportable, orgulloso y con un culto al cuerpo como una necesidad vital. Hay que entender que la vida es breve, por ello el amor vive muy cercano a la muerte, la pregunta la frase repetida «estoy en esto contigo hasta el final», no es más que un recordatorio de lo frágil y efímero de la relación, pues puede que el espíritu se salve pero lo afirmativo es que la naturaleza trabaje hasta volver el cuerpo nada, «polvo eres y en polvo te convertirás».

> La creencia de que es eterno el hombre lo hace equivocarse en su relación con la felicidad, lo regulariza, lo hace insoportable, orgulloso y con un culto al cuerpo como una necesidad vital.

BUSCA TU ISLA DESIERTA

Todos soñamos con irnos a vivir al final de nuestras vidas lejos del mundanal ruido, solo el mecer de las palmeras con el viento, y el ruido de las olas, la paz esencial. Cuando sea más viejo me voy a vivir para que nadie me moleste. ¡Qué eufemismo más lejos de la realidad! Si lo que más necesitamos cuando estemos más creciditos es compañía, pues muchos de nuestros congéneres se han marchado al otro mundo. Es soñar con el futuro, donde nadie nos agobie, el ambiente relajado, pero esa isla polinésica de los mares del sur existe a nuestro lado, solo que no la vemos.

NO TENEMOS NADA QUE PERDER

Siempre creemos que somos indestructibles, insustituibles, es decir, todo lo *-ible...* la virginidad hecha hombre, y cualquier disgusto o desaprovechando material o espiritual decimos con fuerza que perdimos algo o alguien, nada más fuera de la realidad, esas escenas nunca tuvieron con nosotros, si te separas de esos conceptos aumentas el grado de felicidad.

La vida es un juego de riesgos, con un toque de campana, un *knock-out* fulminante que es la muerte, qué importa que lo que hagas sea recordado, si ya estás fuera de este estado de conciencia, debes conservar mientras camines o pulules, flotes cualquier frase es excelente es solo que el corazón tenga latidos, con sus problemas, de sístole y diástole pero allí va, la sinderesis para un mejor vivir, es decir, buscar que alma y cuerpo en conjunto sufran lo menos posible, y la manera es abstraerse de esa dualidad y verlo desde lejos, para poder arreglarlo que se puede vivir con lo que se tiene, con las herramientas que obtenemos que nos da a veces caminar por el desierto con una pequeña cantimplora, otras por el bosque, sin armas, al acecho de fieras, pero siempre caminar, no importa dónde llegues, eso a veces creemos y entonces zas, vienen las sorpresas.

Ocurren los despertares de aquellos viejos sueños, aquel nivel de detalle que parecía tonto es el que te da la solución y la permanencia sobre la tierra, y no proviene del estudio de la experiencia sino de un instinto fundamental de supervivencia que lo tenías congelado, para usarlo en el momento adecuado.

> La vida es un juego de riesgos, con un toque de campana, un *knock-out* fulminante que es la muerte, qué importa que lo que hagas sea recordado, si ya estás fuera de este estado de conciencia, debes conservar mientras camines o pulules

DESVENTURA, ALÉJATE

La desdicha hay que erradicarla, con cinismo, hay que evitar que la pesadez se apodere del alma, se entra igual que a la casa de Dios pero por la puerta de atrás, con una sola palabra que traiga a colación recuerdos desagradables. Por consiguiente, cuando se nos atraviesa en el pensamiento que la persona amada puede morir y piensas que es peor que tu muerte, es que la estás amando desesperadamente y contradice cualquier espejismo de desamor, a la desdicha hay que tomarle el tiempo, es igual que la luna, muere y nace tantas veces.

El escritor español Noel Clarasó (1899-1985) apunta soportando lo anteriormente dicho que «no hay felicidad perfecta, pues cuando uno cree alcanzarla comienzan los temores de perderla», no es que no exista sino el concepto es vivirla en permanencia, luchando siempre, es por eso que la vida es lo máximo, y lo corto de la existencia nos asusta. No debemos rechazar lo nuevo, lo alucinante, lo contrario nos acerca a la muerte.

> La desdicha es una opción, en cambio la felicidad es una elección, por eso si concentramos nuestros esfuerzos hacia un rumbo y una trayectoria determinada obtendremos la victoria.

¿Quién pudiera alcanzar la felicidad, si los mecanismos de excitación están oprimidos? Nadie, pues la meta de las acciones a tomar son la felicidad, el amor sin opresión a sí mismo viene antes que el amor a lo demás, ese cierre termina en lástima, que es más rencorosa que el egoísmo y la envidia juntos.

El egoísmo y la envidia vienen de un estado de conciencia donde la competencia por alcanzar una superación dejando atrás cualquier nivel de dolor y de desventura, es el éxtasis. Ese crecimiento desordenado y desorganizado de la humanidad crea una aparatosa pirámide donde todos caminando sobre todos, que quieren llegar en el menor tiempo posible ¿para qué? Realmente para nada, pues en la brevedad de la vida si no hay plenitud lo que encuentras en ese vértice de soledad y frío no admisible por el ser humano, el cual tiende a ser gregario, de ese vértice no hay escalones para bajar por no disponer del tiempo ni alas para volar, solo un abismo, de esa cabalgata debemos huir, hay formas más sanas de estar en las alturas que la anteriormente descrita. La más pura está representada en una esfera donde en forma concéntrica todo es equidistante y podemos obtener amor entre todos por pasos seguros y firmes.

TE AMO

La frase *te amo* engloba la entrega total, sin dudas, sin egoísmos en cualquier idioma, incrimina la fuerza de nuestra consciencia y lo grande, está representado en algo directo, transparente, permeable, accesible, sin ataduras.«El que no ama no entiende el lenguaje del amor», que complementa lo que el escritor francés, que desnudó la sociedad francesa de su época (1799-1850), Honorato de Balzac describe como amor: «El amor es la única pasión que no admite pasado ni futuro». Pareciese un acertijo, pero no tiene tiempo, no es medible, así de sencilla es la felicidad, ella se transmuta, cambia pero en concepto está siempre allí vigilante, exasperando casi hasta morir los cinco sentidos.

Actuando con indiferencia, no es sencillo comportarse, pues tendríamos que tener un temperamento fuera de todo contexto, es mejor rodar la conducta por la línea del medio para tener la libertad de actuar sin perjudicar a los demás, lo mismo debe cumplirse entre el desprendimiento y la avaricia, ó apático y colérico, esa línea imaginaria es la que nos permite tomar peces de dos riberas sin extinguirlos.

No podemos dejarle todo a la pasión, sería ingrato, pues esta representa un instante, y la permanencia la da la mezcla de estos sentimientos.

¿Quieres dejar lo prohibido? Usa el desinterés, ¿Quieres recuperar lo prohibido? Entonces usa la pasión. La pasión representa elevar por el límite de lo permitido los sentidos, ningún olor nos repugna, nada nos hace sentirnos tan fuertes como ese sentimiento instantáneo que decae. ¿Podemos volver la pasión, sugestión?

No es complicado pero depende de varios factores, uno de ellos es la intensidad de los sentimientos que produjeron esa pasión. Puede en ciertos casos alterar la felicidad de la sociedad si la sugestión se produce en masa.

BUSCAR EL REGOCIJO

Hay que llevarles placer a los sentidos, si es el sabor de un buen trago de licor que evoque cantos de sirenas, un manjar de dioses.

El culto al cuerpo siempre que no desfallezca frente a la anorexia y la bulimia es una herramienta atractiva, pues tiene la implicación de además de quererse uno mismo el típico mecanismo para causar primera impresión excelente, sin ni siquiera articular palabra alguna, además es platónico. La gimnasia contradice un poco al estadounidense, Brian Weiss (1944), quien asevera no buscar afuera lo que llevas adentro, pero esto funciona siempre que escudriñemos la felicidad únicamente introspectivamente y no reuniendo una serie de elementos, como ausentarnos de la línea de la moralidad. En esta materia hay que andar con cuidado, Freud insiste en que el ser que busca el acoplamiento permanente introduce el placer sexual como lo máximo y por el destino, cuando la relación concluye, el sufrimiento es muchísimo mayor.

El placer puede resumirse en el consabido brindis universal de las sociedades occidentales, salud/dinero/amor. En estas tres palabras está regida la fantasía epicúrea de la felicidad.

SALUD, MI VIDA

La salud es una condición necesaria pero no indispensable para ser feliz. El hombre sin menoscabo de nada necesita reproducirse, para este estudio la salud implica fertilidad, basado en signos externos como la vivacidad de los ojos, la ternura y la tonificación muscular, todo buscando la procreación.

La dinámica de que el ser está vivo, es magia llena de color lo que se convierte prácticamente en alegría, sin sobrepasar los límites y que pase a ser un humorismo barroco, que no profundice los sentimientos, llevar la salud a través de la edad con sobriedad y gracia. Cada año que pasa es distinto la forma como se es atrapado por la felicidad, además del espejo nosotros debemos estar consciente de los cambios que experimenta nuestro cuerpo, no porque esté dejando el espíritu cada vez más rápido sino para tomar consciencia del buen uso de cada día, sin caer en los excesos de los cuales haya que lamentarse.

Por eso, el sosiego, la paz, son estados de quietud, de calma que debemos utilizar en los límites inferiores sin caer en el tedio y en el hastío.

Hay un cuerpo para cada alma. Son protectores del fuego interior, vasijas, lámparas bien representadas en la historia de Aladino, cajas de regalo, cortezas de árboles, cuevas de ladrones, cavernas, resguardo de pinturas rupestres que esconden y protegen ese envoltorio, la individualidad del alma en su paso por la vida terrenal.

Cuando un cartucho de dinamita lo vemos sin la chispa en la mecha nos produce temor, por la expectativa del instante fuerte. Si la chispa a través de la mecha corriese mucho más rápido así es el amor, la esperada explosión. Ese refrán que dice «No hay mal que dure 100 años ni cuerpo que lo resista», se refiere a ese detalle. El mal está allí al acecho pero el hombre cuenta con un arma inmortal «el alma», que con solo tomarle el tiempo a cada cuerpo en especial dosifica la acción y la utilidad que hay que darle, y hace que cada hogar o cuerpo sea más llevadero, primero solo y luego en el conjunto, haciendo uso de otro famoso refrán «La unión esta la fuerza». Si la unión no existiese el mundo sería otro, lleno de transmutaciones y rechazos, en el que no pudiese existir vida, pues cada instante todo sería autodestruido, no habría reordenamiento ni agrupaciones, que son los fenómenos crecientes para que nuestra vida en el planeta sea fecunda y segura.

> El placer puede resumirse en el consabido brindis universal de las sociedades occidentales, salud/dinero/amor. En estas tres palabras está regida la fantasía epicúrea de la felicidad.

El Síndrome de Inmunodeficiencia Adquirida (SIDA), llamada por muchos la enfermedad devastadora del siglo XXI, es prácticamente la otra red que se opone a la felicidad, ¿por qué? En principio la muerte anunciada le da a la vida, a pesar del pensamiento de muchos, temporalidad estricta, saber al menos que vas a morir es una imagen que se nos pone al que no la posee, para que valore la grandeza del placer de no saber que la muerte es pronta y vivir a plenitud con inconsciencia en la eternidad.

Por otro lado, los síntomas de esta enfermedad, al dejar al cuerpo sin defensas, son un intercambio de cuerpo y espíritu sobre quien da menos para vivir con la consecuencia intangible de no responder a ningún estímulo espiritual o médico que no sea sobre la propia célula, pero no sobre el ejército completo, pues la actitud inicial de estrés y de compensación fue la que causo el principio de casos y desórdenes a algo tan delicado y uniforme y frágil como el binomio cuerpo y alma. De allí que hay seres con más propensión a adquirir este mal que otros, en principio los homosexuales y prostitutas y luego, por degeneración y accidente, los demás. La conclusión para no alejarnos del tema es que el equilibrio es fundamental para vivir en felicidad permanente, aparte que al no conocer el futuro a ciencia cierta sobre nuestro cuerpo, tenemos que medir *en caliente* la situación en el tiempo, para ir adaptándose a las condiciones que ofrece el medio ambiente y las propias de la edad, afectada por el trato, la alimentación y las poco modificables (por ahora) como la carga genética que cada uno lleva sobre sus hombros.

El equilibrio es fundamental para vivir en felicidad permanente, aparte que al no conocer el futuro a ciencia cierta sobre nuestro cuerpo, tenemos que medir *en caliente* la situación en el tiempo

---

LOS AMIGOS NO SON CLIENTES

Hay grandes diferencias pero no las queremos ver por las crisis de soledad en que estamos inmersos, que poseemos sobre todo en este siglo, culpable las computadoras, que hablan todo el día pero un lenguaje frio y su interactividad es sosa. El cliente depende siempre de quien lo beneficia. En el amigo es biunívoca la relación entre dos o más personas. Nunca debería haber incomodidad entre dos verdaderos amigos por difícil que sea, pues no se trata de una compra o de una transacción donde te queda la última palabra si lo tomas o lo dejas. El apretón de manos de un complacido con un producto es muy diferente del apretón de afecto.

EL TIEMPO QUE RESTA

La vida es finita y no sabemos cuándo corta, nadie se muere en la víspera, hay un punto cuando todo cesa. En esa ecuación matemática, vivir al libre albedrio es gastar la cuenta. Hay que llenarse de emociones, Borges cuando dijo: «Si pudiera vivir nuevamente mi vida... En la próxima cometería más errores. No intentaría ser tan perfecto, me relajaría más. Sería más tonto de lo que he sido, de hecho tomaría muy pocas cosas con seriedad. Sería menos higiénico. Correría más riesgos, haría más viajes, contemplaría mas atardeceres, subiría mas montañas, nadaría mas ríos. Iría a mas lugares a donde nunca he ido, comería mas helados y menos habas, tendría más problemas reales menos imaginarios», es decir lo complejo no funciona, pues la vida de origen es protozoaria, que es como es, mientras más desnudos más seguros, defendernos es un error ¿De qué? ¿De la muerte?, si esa es segura. El tiempo que resta es como la cuerda de un reloj que si no se mueve la muñeca se acaba, es la manera de vivir, que el segundero se detenga porque nos roben le reloj del más allá, o un martillazo acabe con la esfera.

DESTINO MIOPE

El hombre predestinado se define por la presión familiar, la educación y el ambiente, y bajo ese contexto se forma ese ser que expresa sus verdades, dependiendo del porcentaje de los factores anteriormente descritos. ¿Qué relación tiene el destino con la felicidad? Decimos algunos «lo que es del cura va para la iglesia», ¿estamos señalados para alguna acción? Ciertamente del todo no, es correcto que el contexto ayuda pues, maneja posiblemente lo que va a suceder, pero el grano de arena que inclina la balanza hacia un destino feliz es nuestra propia consciencia. Trazarse su propio destino es muy difícil, pues las variables externas no te ayudan, lo inteligente es predestinar el día, o vulgarmente «vivir al día». Eso tiene un significado muy especial para la felicidad permanente, «lo logré», es alcanzar la meta cada día, una evaluación llena de muchísima fe para afrontar los enemigos de que la felicidad puede ser alcanzable y estar por mucho tiempo entre nosotros. La fatiga y el estrés destruyen los ciclos genéticos, y descompensan que implicarían dos enemigos acérrimos para alcanzar esa paz, el marco preferencial del destino.

La teoría de Albert Einstein, el padre de la relatividad, sobre que ningún objeto puede tener una velocidad superior a la de la luz, coincide con el síndrome de la juventud, cuando algún evento es demasiado rápido se comprime, así es la felicidad cuando se observa desde lejos, es sencilla, porque la masa se convierte en energía o viceversa, sin distinción en la velocidad que se imprima.

La felicidad en cierto modo se mueve, pues la rutina lleva al cansancio y al tedio. No hay creación a través del ambiente geográfico sino todo se remite a una elevación inferior que funciona para algunos por la autosugestión.

El impacto del medio ambiente sobre el hombre lo pone algunas veces a meditar, es grandioso cuando funcionan la mayoría de los sentidos a la vez, la vista sobre lo monumental, el oxígeno que respiramos se encuentra en cada intersticio del aire, y adiciona los olores que recogen, y el tacto al detenerse en los cabellos, producto del clima y de la emoción. Emoción, felicidad y geografía van juntas. En principio el viaje hacia el lugar donde desde la mitología está reservado a los dioses y se nos permite acercarnos produce esa ansiedad que acelera el pulso, es la acción de lo grande y majestuoso del paisaje y lo pequeño del hombre, es la mortalidad lo que sobrecoge y lo hace más feliz, y luego el haber estado en la consumación de un deseo, es por ello que en la vida moderna la frase «destino turístico» implica supuestamente descanso, cambio del quehacer diario para mover las neuronas de sitio, de altura, y esperar la reacción, la primera, la segunda luna de miel, *la escapadita perfecta* en estos santuarios aliviadero de los sentidos.

Lo que nos viene del exterior penetra sin que lo podamos impedir, el viaje para el dolor conduce al olvido, lo que definimos como «otra vida». Un cambio de parámetros lo hemos observado en el filme *Los Girasoles de Rusia, con* Sofía Loren, la guerra y el olvido, otra felicidad, pues el impacto de la guerra sucumbió frente al amor inicial pero continuó la permanencia de la felicidad.

En principio el viaje hacia el lugar donde desde la mitología está reservado a los dioses y se nos permite acercarnos produce esa ansiedad que acelera el pulso, es la acción de lo grande y majestuoso del pasaje y lo pequeño del hombre, es la mortalidad lo que sobrecoge y lo hace más feliz

VIAJAR

Así como los elefantes cuando sienten que el ciclo de vida está por terminar, regresan a su lugar de origen para morir, el hombre tiene implantados esos recuerdos en el inconsciente a través de toda su vida, y afloran mucho más a medida que siente que todo se acaba y se le hace más difícil el regreso, la frase «nunca regreso» es desagradable en la búsqueda de la felicidad, porque el refuerzo de ese punto es necesario para mantener el equilibrio y el sosiego que ha cambiado un poco en la forma pero no en el fondo. El exilio como castigo en la historia es fuerte, además de las razones de familia y la costumbre, el traslado por la vía obligatoria y no por la acción nómada del hombre, inserta en la palabra «búsqueda».

¿Qué busca? ¿Qué encuentra? Algunos pensarán biológicamente los alimentos, principios de su subsistencia, pero en una cárcel y en un hospital existen más en los movimientos funerarios de la antigüedad, allí ponían frutas y viandas para el viaje ¿Es el viaje en sí mismo la felicidad? Porque encuentran experiencias que almacenan en su memoria y las expresan a través de un aprendizaje desordenado pero que a fin de cuentas es un crecimiento del hombre por el hombre.

Al trasladarse, en principio hacia lo desconocido, lo intimida, lo soporta, es la búsqueda de lo sublime, el clímax de una meta, para al poco tiempo volver a empezar.

Las drogas también tienen boletos de viaje ficticios, es una manera simple alejarse de la realidad circundante, pero sin medir las consecuencias que puede ser un periplo sin regreso. Es la búsqueda, algo innato, una curiosidad sin límites, sobre la cual hay que reflexionar si deseamos permanecer con los pies bien puestos sobre la tierra. Una necesidad de continuar, de trascender, Moisés se alejó hacia el desierto ¿buscando qué? La tierra prometida. Cristóbal Colon la misma historia, hay una intención en el hombre de abarcar más. Nos hemos empeñado en denominarlo Imperio, en términos geopolíticos, pero ciertamente va más allá de la conquista de un territorio. La hazaña llena de gozo a quien la realiza. El piloto de aviación Charles Lindbergh (1902-1974) al cruzar el Atlántico en el monoplano, *el espíritu de San Luis* o el noruego Roal Amundsen (1872-1928) cuando conquistó el Polo Sur, todos sin excepción al llegar a algo, que en el desarrollo del hombre sobre el planeta, al paso de los siglos es en términos prácticos incomprensible, por lo sencillo, lo que implica insertar la bandera en otro territorio. Es finalizar con un período de búsqueda de la felicidad de un pueblo.

¿Por qué ese deseo de comunicarnos con nuestros semejantes? Por la idea de unir toda la carne en una esfera, una sola carga de pensamiento, un colectivo que no se guía por la acción de varios líderes con políticas diferentes sino que al no poseer aristas, ni peso específico, rueda sin detenerse. Todo su problema es lograr la paz y el equilibrio, o factores fundamentales para alcanzar la felicidad.

> El encuentro que generalmente tildamos de casual no es tal, ni es un fenómeno paranormal, es que la carne llama siempre a la carne, sin distingo de edad, sexo, raza...

Ese llamado alivia las tensiones y disuade otros elementos como la envidia, el egoísmo. La competencia permanente patea la felicidad.

Ese acercamiento llamado por unos, globalización, por otros, comunismo o socialismo, es más fondo que forma. El hombre en su individualismo tiende a ser original, con una fuerza creadora inimaginable, vista a través de los descubrimientos científicos, el arte sublime y por partituras llenas de colorido musical. Asombro es lo que se persigue, que el hombre no pierda esa capacidad. Esa es la salida de su *yo* interior, curiosidad por desarrollarse más allá de los sentidos, un mecanismo que alcanza en la medida de lo sensible la felicidad.

¡Es el hombre un ser hipersensible! Obviamente que sí, lo que sucede es que los mecanismos de desplazamiento tienen que actuar a través de estímulos verdaderos que destaquen esa pasión sobre lo que actúen interminable, y con ello alcanzar el goce pleno.

En las relaciones humanas, se usan elementos externos que afectan la estructura biológica del cuerpo humano, los afrodisíacos, con el fin de ir más lejos en la cúspide del orgasmo, el final la cima de la montaña

Elementos reales o imaginarios, la interpretación comenzó siendo mágica: Humo, pociones, hechizos, impactos que producían un acercamiento más profundo de la pareja por la vía de elementos externos al sentimiento puro, el misterio en que estuvo envuelta la sexualidad por tanto tiempo no permitió el estudio introspectivo del esquema planteado. A partir de este siglo, donde el bienestar y el funcionamiento sexual adecuado es uno de los pilares de la ansiada felicidad. Diferentes corrientes de científicos han puesto cuidado en develar la acción real de los estimulantes sexuales.

En principio, estudiando la disfunción sexual en el hombre, por la vía orgánica, si es producida por la ingestión de algún tipo de sustancia podrá aplicarse lo contrario, que lo hace influir en una acción contraria. Mucho se ha comentado sobre la yohimbina que aumenta el deseo sexual. Fue comprobado que en menor o mayor grado desordena el cuadro neurológico creando un estado de ansiedad y ánimo transformado en cierto modo y aumentado el erotismo.

Esas sustancias que estimulan el apetito sexual tienen que ver con los transmisores biológicos de las emociones dormidas, generalmente electrolitos que comúnmente avivan la sangre mostrando el organismo mas displicente a continuar el camino más corto hacia un clímax que a fin de cuentas es otro ápice de la felicidad. Estos elementos también proveen la fertilidad, el caso del selenio y del zinc, ahora, si esos minerales no están envueltos de un magnetismo espiritual que los contenga la excitación disminuye, pues los sentidos no están proclives a ayudar a que el afrodisíaco actúe, el caso práctico de ostiones ricos en zinc pero la presentación exótica mas la textura y sabor donde está inmerso crea la atmósfera fulgurante para la ocasión. Los afrodisíacos tienen que actuar como un todo sicológico y cerebral.

TENGO DINERO SUFICIENTE, ¿POR QUÉ NO SOY FELIZ?

El dinero es un mecanismo de relojería para avanzar en el tiempo, un instrumento de transacción necesario para cumplir con ciertos rigores que la sociedad impone si quieres andar y parecerte a ella. El asunto es vivir para el dinero y por el dinero, entonces la vida te pasa de lado y cuando te das cuenta no sabes qué hiciste. Pasé todo el tiempo trabajando y ahora estoy viejo, enfermo y solo. El asunto es que utilizado como instrumento de cambio muy bien en lo que se refiere a asuntos comerciales o en su punto más álgido cambiarlo por sexo, pero no dista el parecido de hacer el amor con un muñeco de plástico. El dinero engolosina, el dicho dice *no lo es todo pero cómo hace falta*, es cierto por cómo está conformado el sistema, pero en el uso tiene que tener la palabra equilibrio, no en vano existe la codicia, un fin excesivamente deseable, el deseo desordenado para atesorar, una conexión equivocada con la felicidad. Lo contrario es lo deseado aplacar el hambre en todas sus formas de nuestros congéneres de manera magnánima, llena el espíritu de gracia de quienes lo logran. La idea no es regalar o despilfarrar sino en la justa dirección que arremeta contra las leyes de la economía y del capitalismo salvaje.

El dinero aplaca la sed de la sociedad en sus complejos exámenes comparativos. Esa desesperación por buscarlo transforma y trastoca lo que mal se expresa, como amasar fortuna.

El dinero tiene que rodar. Que se caiga de las faltriqueras, una generosidad inconsciente. Aquellos que cosen el bolsillo con un hilo indestructible que no generan amor, vinimos a este mundo a entregar, si no basta con leer el evangelio de la religión cristiana y como Jesús en uno de sus pasajes bíblicos, multiplica y reparte panes y peces buscar que vaya en aumento mientras caminamos en nuestra misión, entendiendo que el camino es de todos y cambiar la frase «el dinero está hecho, lo que hay es que buscarlo», por «el amor está hecho, lo que hay es que encontrarlo», de esa forma, sin esperarlo nos hacemos dueños de lo más importante, el corazón de los demás no tiene raza, religiones, arquetipos, etc.

Volviendo sobre el tema se dice que el dinero no alcanza la felicidad, pero ayuda, es cierto pero, ¿bajo qué términos?, si la riqueza en términos monetarios llega por azar, así como llega así se va, es una ráfaga sin sedimentos, no permanece, el dinero es un mecanismo para lograr deseos en corto plazo, pero no la meta, preguntémonos ¿Quién puede comprar el amor?, creo que nadie, quizás podamos adquirir estados anímicos dentro de un contexto, pero igual se desvanece, porque cambian rápida y repetidamente. El dinero aplaca la sed de la sociedad en sus complejos exámenes comparativos. Esa desesperación por buscarlo transforma y trastoca lo que mal se expresa, como amasar fortuna. La providencia es estar en el lugar, tiempo específico cuando un evento de naturaleza creciente armónica sucede. El miedo a no estar en ese sitio produce esa dislocación día a día, es jugar al escondite con el que cuenta con los ojos abiertos. La paciencia y la espera prolongada son enemigas del dinero, el que siempre quiere crecer amasando con lo que ve a su paso, no descansa para lograr su objetivo, ese impacto si nos asociamos con él no nos dejará nunca permanecer en felicidad. Es difícil verlo y no desearlo, puedes vender la patria, la honra, y hasta la tranquilidad obtenida para permanecer feliz, vil dinero, dicen algunos: Lo compra todo. El cielo lo adquiere en apariencia, el hecho que muchos descendientes de hombres con fortunas incalculables asumen un estado de aislamiento y soledad profunda, su alma y su cuerpo no interesan, importa la aplicación y el vehículo que posee, y lastimosamente hay que reconocerlo tarde o temprano. Esas personas se dan cuenta de la situación y se convierten de amorosos e inocentes y se alejan de su virginal *debut* cuando fueron personajes huraños y desconfiados.

Hay discursos políticos, la mayoría basado en el principio de aumentar la cantidad de dinero per cápita para alcanzar la felicidad del pueblo. Qué lejos se está de la realidad ¡Feliz!, si la distribución de los miembros de la sociedad en su afán por ser felices individualmente, no cometen la estupidez de fabricar un suicidio colectivo en crecimiento. La autorregulación es fundamental en el equilibrio para alcanzarla y permanecer en ella. Todo en exceso es malo, repugnante algunas veces.

LUNÁTICOS

La luna ha sido el plato fuerte de los poetas, de las alegorías, símbolo en la bandera de algunos países, es la lámpara que dependiendo de su intensidad proyectada, exalta los sentimientos que se producen en la tierra. Ella gira en sí mismo y alrededor de nosotros, es cíclica como el período de la mujer, lo cual influye en su estado de ánimo. La masa pequeña revoloteando sobre la masa grande por la ley de masas influye en mayor o menor grado en el comportamiento del ser humano. ¿Cómo afecta esta la felicidad?, las mareas, la germinación, el carácter...

Un baño de luna es extraordinario para abrir los corazones, los llena de energía, se dicen cosas, se exalta, y si los líquidos segregados son bien utilizados ayudan a que esa poción milagrosa venida del espacio estelar en forma magnética consolide la unión. Caminatas, fogatas a la luz de la luna, no son solo tradiciones, ni se trata de la protección contra el frío, es una forma de producir el acercamiento entre los humanos, alrededor del fuego, teniendo vigilante a esa diosa digna de espectáculo. Ella en su ciclo, podríamos decir que nace y muere muchas veces y frente a nosotros oculta su lado oscuro, ese advenimiento que da el ciclo 28 días, desdibujándose entre creciente y menguante afecta todo lo que tenga movimiento por la ley de atracción de masas.

La luna también tiene su mar de tranquilidad, el idílico lugar donde se posó por primera vez el hombre, con el modulo lunar del Apolo 11, qué tal si logramos por algunos instantes navegar en ese hipotético mar, es conceptuar la idea que refleja una luna esplendorosa. El detalle es que está allí, la podemos poseer todos y cada uno de nosotros y darle su ubicación en relación con la naturaleza. La luna es una gran seductora y a ella no deberíamos poner resistencia, pues, no produce tanta sombra como el sol pero igualmente nos acompaña en el transitar por los surcos que abren la tierra.

SEDUCIR DE MANERA FRANCA Y LIMPIA

La atracción es innata al ser humano, podríamos decir casi biológica, y hay que aceptarla sin prudencia, pues, esta eleva y despierta en el otro los sentimientos dormidos, tan necesarios para generar felicidad, no es un embrujo como se ha querido ver a través de la historia de la humanidad, sino un mecanismo inconsciente para atraer y fijar la atención en un centro en el que podemos jugar el papel protagónico. Seducir es un arte pero en esa búsqueda por captar seres, se produce una especie de chispa que genera destellos de felicidad, que nos impulsa a continuar tratando de encender el tizón, y que no se apague. Cuando se está buscando la fascinación o se está siendo seducido, estamos persiguiendo la felicidad permanente, pues, nunca se pierde el placer que esto genera, cautivando el ánimo.

La seducción tiene la representante que lo envuelve todo, la flor en su más fuerte contexto posee color, olor y tacto, estimula los sentidos esperando el sabor a través de la sensualidad, es el cáliz que posee en su interior, la poción del deseo, de allí al fruto generador de la semilla que enciende la vida.

La mirada tiene poder y esta aserción aumenta con la edad, es una atracción que se esconde detrás de la emoción y no permanece oculta. Generalmente «el hombre conquista y la mujer se entrega al juego de la seducción». El seductor es el gran engañador, pero lo hace bajo los testamentos de la inconsciencia, es un problema realmente hormonal de poseer lo prohibido, para ello necesita la pasión y cobra es el instante no la permanencia, es tan fuerte que nada nos repugna, y de allí que si se agota y no se canaliza hacia el amor, comienzas las críticas destructivas, que buscan una perfección poco convincente.

> Freud conviene en decir «sin ley no hay deseo», lo cual es absolutamente cierto, es lo que te lleva a saltar la verja y encontrarte en un patio con un perro bravo, con una cadena larga y oxidada, ese límite de peligro necesario para mantener ese pequeño fósforo encendido a punto de quemarte la punta de los dedos.

No es sencillo establecer posturas a priori, son mecanismos que se activan para impulsar la atracción, no se puede lograr con tecnología sino con arquetipos, dependiendo de la época en que se esté viviendo, por supuesto que lo puedes ayudar y detrás de esto hay una gran industria para respaldar los valores físicos, utilizando cualquier tipo subterfugio, desde un perfume para la excitación de las glándulas que aproximan el dar hasta la ropa, (sostenes, licras) que enaltecen los atributos físicos.

Pero no podemos deshacernos de lo innato, viene genéticamente en el código con cada uno de nosotros, no podemos evitarlo, se habla del hombre picaflor o de la mujer *ligera de cascos* pero escudriñando la verdad, ninguno de estos seres tienen culpa de ser como realmente son, predestinados para buscar lo más importante, la preservación de la especie.

La seducción proviene, además, de que nuestra propia vida no nos parece suficiente, y tenemos que sucumbir a simular la intimidad, cerrojo que se abre buscando la compañía. Pronunciar sin dudas, sin egoísmos y con seguridad la frase *te amo*, es el pan nuestro de cada día, representada en la iglesia. En ese rompe cabezas armado por la estructura eclesiástica entra la felicidad, ¿de cuantas personas? De miles de millones de elementos que influyen unos sobre otros para incitar.

Freud expresa que el hombre no se siente feliz en su máxima expresión, en su semejanza con Dios no le permite ser imperfecto, y esto le crea un nivel de angustia que termina en una imitación sin trascendencia. Ahora cuando se produce el acto de fe entre un ser superior y un mortal se comienza a estrenar la felicidad, para esto se necesita la fuerza espiritual que trae felicidad.

Pudiera ser. No conocer cuando naces ni cuando mueres da forma a creer en la vida como un todo donde el inicio y el final no son importantes, solo un hecho, el corazón, máquina al fin, dejó de latir.

El catalizador que promedia la convivencia es Dios, y aún así no todo está escrito, pues, él no puede decretar leyes que atenten contra el quehacer mutuo.

La explicación proviene de buscar en cualquier forma la disminución de la pena, «el pecado original» y sobre eso en la relación con la felicidad tomar como norma no juzgar, solo juzga Dios.

Juan Pablo II cuando se refirió a la felicidad, la relacionó con Cristo y cómo el hombre debe orientar los pasos hacia él. No hay que ir de prisa, ese elixir no se acaba, basta un instante para ser feliz. Ese momento cuando se invoca al ser superior lleno de fe en alabanza une la gente, y crea esa sensación de paz y los cuerpos se sienten llenos de dicha.

Esa fuerza en principio se genera en el interior de cada quien y la soporta para conducirla a otros estratos, la presión familiar para llevar a cada persona hacia un objetivo común, bien sea como en la Edad Media o hasta no hace mucho, un zapatero tiene hijo zapatero, esto moldea un poco el sentido de la felicidad, pues es una rutina asociada al sustento, un medio de vida que al tener el carácter obligante define una aceptación de su realidad por parte del individuo, que lo lleva a no revelarse en la mayoría de los casos, y aparecen niveles de frustración no acordes y dañinos para pretender un poco de felicidad. Ese destino visto como tal crea una sensación de vacío que solo se rompe por la presión del ambiente y comienza un desarrollo personal que solo lo detiene la muerte y se habla del predestino.

Ese crecimiento interior del individuo, día a día se le van sumando, esas circunstancias que crean ciclos iterativos de felicidad, pues este siempre va al alcance del clímax personal. No hay mal que por bien no venga es un refrán popular que tiene que ver mucho con el deseo de avanzar, «hacia atrás ni para tomar impulso», logra develar sensaciones de placer que limitan en el orgasmo, el punto más alto donde la curva cambia de pendiente pero que en este caso solo se detiene, no cae a cero sino que al contrario genera las bases para un nuevo punto de partida.

BUSCA BEBER CON SATISFACCIÓN PERO POR SORBOS

El placer desde los griegos con Dionisio inspirador de la locura del éxtasis está asociado de cualquier manera con los excesos, luego queda el vacío, de allí que los ociosos aquellos, que en teoría tienen completamente pago hasta dos generaciones, los que lo tienen todo, la gracia, es allí a los que no les costó nada divertirse y usufructuar, mejor dicho los hijos de esas grandes fortunas, buscan experiencias excitantes, montarse en un globo, hacer submarinismo extremo, una manera de suicidarse con clase, con fama correr carros. De estos casos tenemos a Stefano Casiraghi, el esposo de Carolina de Mónaco, fallece en 1990 frente a las costas de Mónaco, por el vuelco violento de su lancha, en una competencia de velocidad, offshore, o Alexander el hijo del magnate Aristóteles Onassis, fallecido en 1973, con solo 23 años, en un accidente de avión, o más reciente el caso del famoso John F. Kennedy Jr., en otro accidente similar frente a las costas de Martha's Vineyard. Esto significa pasarse de la raya, buscar y buscar, el exceso y la extrema confianza en que eres un ser superior, confundes la vida finita con la vida de la fama. Termina mal.

El placer hay que administrarlo como si fuera la última vez, el último trago, y esperar en el tiempo el otro, una función discontinua de la vida que tiene la virtud de recordar los tiempos pasados pero bajo la premisa no de «cuando yo era», sino la activación cerebral que produce aquello que sucedió, por eso vemos a los mayores contar tantas y tantas historias que a veces se ponen fastidiosos.

HAZ EL VACÍO DE VEZ EN CUANDO

A veces sentimos que no le hacemos falta a nadie, que nos buscan por necesidad, por un interés especifico, resulta que no siempre es así, a veces somos parte de alguien que quiere conversar con nosotros, somos el pozo de sus sueños, o de sus angustias, o simplemente confidentes, o consejeros. Un viaje por cualquier motivo, además de cambiar de ambiente y venir lleno de energía, dispara los resortes, «me hace falta», y recompone «no sabía cuánto lo quería».

No es el maquiavelismo de no contestar el teléfono y con esto intentar que sufra así sea un poco, no vale la pena, pues al final esa angustia la estamos llevando nosotros, sin darnos cuenta, es simplemente tomarse un poco de libertad, de alejamiento, no por algún motivo especifico sino abriendo nuevos destinos, mundos desconocidos que nos llenan de sorpresas y nos hacen ser mejores personas.

ELIMINA LA MENTIRA SOCIAL

Todos en nuestro interior, más o menos sabemos quiénes somos, nuestras limitaciones tanto físicas como intelectuales, a veces nos ponemos ciegos por culpa del ego, y asumimos posturas que no son las correctas, y al final por esa locura terminamos en soledad. La sensación es terrible, pues al mantener una mentira sobre ti, vives en una permanente angustia, primero las excusas, y luego las ofensas programadas y creemos que los demás son tontos, en general en esencia todos sabemos quiénes somos, por intuición, por comportamiento, o por los hechos. Sé tú mismo, auténtico pase lo que pase, que la imagen que presentamos sea lo más parecida a la realidad. A veces nos disfrazamos o seducimos para conseguir algo, esperamos que los interlocutores nos acepten y crean, seleccionas lo que te conviene para adaptarte, pero al final cuando se descubre, se pierde la confianza, uno de los instrumentos más importantes para la convivencia de los seres humanos, la palabra a carta cabal. Cuando hacemos este tipo de discursos son engaños intencionados y conscientes, que no sabemos las consecuencias. *«No aclares que oscureces»*

FELICIDAD COLECTIVA

El colectivo tiene una fuerza nada despreciable cuando apunta a un solo objetivo, *vamos a dedicarnos a ser felices*. Ese principio sustenta una sociedad con nuevos argumentos, para desarrollarlos bajo parámetros de felicidad.

Comienza a nuclearse a través de la familia, centrando todo sin temor hacia la búsqueda de esta, que es como ver el sol mucho más grande cuando se tiene frío, esa esperanza de calor te reconforta.

Hay que ponerle peso a las palabras, que ellas por sí mismas tengan un significado profundo, que tengan las raíces de las oraciones que vienen acompañándonos de generación en generación y han perdido valor por la carencia de significado posean la fuerza del origen, ya que nadie se detiene en el verdadero sentido a explicarlas y darle el ritmo el don que se merecen, para interpretar, para concluir la sociedad feliz como un todo, hay que dejar que cada quien conduzca en la dirección que crea más conveniente sin miedo. La vida es una lucha, el contrincante es el mismo para toda, la muerte. Sería más fácil si nos uniéramos para vencerla, el altruismo de la población, al sentirnos más seguro podemos vivir más y mejor, no es invento que todo comenzó alrededor del fuego, esa hoguera con todos alrededor, que momento más reconfortante, aún las fogatas dan nostalgia, las astillas quebrándose, los colores del fuego, desde el naranja hasta el centro azul, ese movimiento de la brisa, ese intento de apagarse, es como el alma solo se ve en su encanto cuando contrasta con la luz del amanecer, y quedan las cenizas esparcidas y unos leves brillos de querer volver a despertar. Esa fuerza es la que permite sociedades más felices y a que el hombre en sí mismo cree que es eterno y ejecuta todo, no para llevar, sino para dejar a la sociedad que lo soportó durante su estadía con ellos, la vida vista como un espacio en el tiempo donde él

El colectivo tiene una fuerza nada despreciable cuando apunta a un solo objetivo, *vamos a dedicarnos a ser felices*. Ese principio sustenta una sociedad con nuevos argumentos, para desarrollarlos bajo parámetros de felicidad.

fue uno de los protagonistas de los acontecimientos, e hizo el esfuerzo por trascender.

La sociedad es capaz de exigirte que compartas tus intimidades a través de la amistad, esto viene de esta, busca por todos los medios de enriquecerse para con esa alimentación permitir que la convivencia sea un todo.

PERDÍ MI SER QUERIDO, ¿QUÉ HAGO?

Cuando ocurre una pérdida irreparable se comienza a transitar para poder crecer de cualquier manera, por senderos nuevos difíciles, escarpados, hay que salir a como dé lugar de ese atolladero, pues los sentimientos encontrados carcomen por dentro, al principio se asume que tuvimos algo que ver con esa perdida, como si se pudiera tener la varita mágica que tuerza el destino, asunto tan simple como *lo que va a pasar va a pasar*. Si se tiene la dicha de estar en religión, posees *un ticket de gloria*, se asume de manera inequívoca como un tránsito, eso de seguro eterniza la felicidad, y el recuerdo es más llevadero.

Si te dedicas al presente y matas el tiempo hay que tomar en cuenta, la muerte y no el tiempo, corre como un hecho que va paralelo y que en cualquier momento pone todo su peso sobre cada humanidad.

En los animales el que mata tiene derecho al amor, porque el instinto de supervivencia así lo exige. Asimismo, en la raza humana nadie piensa en la muerte mientras desarrolla su trabajo, les deja eso a los ancianos que están mucho más cerca de la línea de fuego final.

La desgracia, que es la separación terrenal permanente, producto de la desaparición física, crea una especie de santo en donde se estigmatizan todas las virtudes, para elevarlo a alguien celestial, y poder recordarlo por mucho más tiempo, detalles que se alejan de la cotidianidad. Se puede ser feliz llevando dos principios, el propio en relación con la muerte como un hecho que ya ocurrió viviendo *el tiempo de descuento* de la mejor manera posible, y el otro, soportar la pérdida de los seres queridos, sin herirse por no haberlo dado todo, o entender que dedicarle más tiempo a disfrutar los seres queridos, sin aprisionarlos o ahogarlos, con un ritmo pues, lo grande es el detalle y la calidad del tiempo. Una expresión de amor visual y táctil genera una imagen de paz con lo que nos rodea, y nos conviene a todos, el sueño de amor.

En el enfrentamiento con la muerte, el milagro tal como está concebido no existe, por lo tanto debemos para *el bien morir* estar lo más sereno posible, si existe la oportunidad, lo cual no implica dejar de lado el desahogo puntual, necesario para producir la ebullición de los sentimientos, expeler hacia afuera, esa cantidad de energía represada, y ver con objetividad lo sublime del espacio vacío, mirar en su justa dimensión, el ser querido que se alejó es un peregrino de tiempos remotos, que quizás cuando regrese ni nosotros estaremos en el lugar acordado, ni el espacio de tiempo dispuesto para eso.

LEE UN POEMA, CONTEMPLA UNA PINTURA

Cuántas veces nos hemos preguntado: ¿Qué hago yo aquí? Estamos como en una parada de transporte desolada donde no sabemos si el bus va a pasar y si además contamos con la suerte de que se va detener, no tenemos adónde ir. Lo primero es no preocuparnos, es lo más normal de este mundo, a veces es hormonal, o por problemas subyacentes cambios de rutina, es no saber qué hacer. Como tenemos unos pulmones, una nariz, es decir, un sistema respiratorio propio, al respirar hondo varias veces hasta llenar de oxigeno los pulmones estamos poniéndole combustible a nuestra máquina, necesaria para pensar. ¿Por dónde comenzar? Al estar abrumado y tratar de irnos a resolver lo irresoluble, estamos dejando por fuera la variable tiempo que lo puede todo, pero no debemos abusar de este tiempo si no usarlo como una verdadera herramienta. Buscar ayuda sería lo correcto, pero no con un sicólogo, brujo, o siquiatra, quizás estos nos digan lo que queremos oír, eso nos calma, pero no resuelve, pues no hay un cambio, de fondo, tenemos que buscar dentro de nosotros mismos la solicitud, tienes que poseer de manera sencilla en dónde estuvo el tropiezo, si fue realmente azar, o por empeñarnos en torcer el camino, por atavismos, es decir cualquier situación, el problema no nos deja dormir y menos concentrarnos.

La sugerencia a la mano es impregnarnos de arte de los otros, una pintura, la que fuere, tiene las manos, la vista, el pintor, la inspiración como solemos decir por lo tanto emite en su textura, composición, colores, algo, sino, no le gustaría a tanta gente. Esa fuerza hay que absorberla y hacer un coctel con los problemas que nos abruman, salir del desasosiego, ese instante si logras la comunión, despejas esa abstracción, esa limpieza quita las escorias, la basura, y aparece como por arte de magia una solución no pensada ni lógica pero acertada, pues al final encuentras la anhelada tranquilidad. Pareciera absurdo, ¿cómo observar una pintura te va a ayudar? Ud. lo que está es loco, serían los comentarios, qué más lejos de la realidad, allí hay una expresión que trasciende, comunica y despierta una nueva manera de ver, un ángulo diferente por donde penetrar y salir victorioso. Es lo mismo que leer un poema, la situación cuando fue escrito, porque salió de las entrañas de alguien que quería expresar de manera velada un sentimiento, una reflexión, palabras llenas de fuerza que rompen la idea penetrante que agobia. El arte podríamos interpretarlo como *la felicidad sublime*, alcanzable, no porque puedes atesorarlo, es un cofre abierto que resplandece, lleno de acertijos.

> Pareciera absurdo, ¿cómo observar una pintura te va a ayudar? Ud. lo que está es loco, serían los comentarios, qué más lejos de la realidad, allí hay una expresión que trasciende, comunica y despierta una nueva manera de ver

Ese infortunio que comienza cuando se entra en pérdida tras pérdida, produce infelicidad. Dice el Dr. Frederick Bailes (1889-1970) neozelandés, escritor y experto para la época en ciencias de la mente, en su libro *Poder oculto para problemas humanos*, que ese pensamiento originario de la pérdida causa infortunio. De repente nunca se tuvo aquel algo por lo cual estamos sufriendo, el asunto es gobernar los estados de ánimo y saber cómo resolver las dificultades que vamos encontrando, no hay que olvidar que los patrones de pensamiento producen cambios. Es cuestión de nexos con ese amor que se volvió inconcluso, todo se puede llenar, allí es en donde el vacío para permanecer elevado, ese vacío lo cubre el arte en cualquiera de sus manifestaciones, empieza la «operación contacto», con lo sublime, es como traer «el más allá» a lo terrenal. La expresión

> Dice el Dr. Frederick Bailes (1889-1970) neozelandés, escritor y experto para la época en ciencias de la mente, en su libro *Poder oculto para problemas humanos*, que ese pensamiento originario de la pérdida causa infortunio.

en la pintura que nos exige contemplación y a veces nos arrulla con una frágil tranquilidad, son laberintos que apaciguan el alma y dan permanencia a la felicidad, al disfrutar de ese goce. Por ejemplo, en la música la multiplicidad de combinaciones estéticamente mezcladas generan un sentimiento que en principio pareciese solo una onda sonora, que pone a vibrar lo intrínseco de las células ¿Es que hay frecuencias que los oídos no oyen?, hay bajas y altas frecuencias, pero que imprimen a través de la madera del instrumento que la genera esa presión que en muchos casos nos recogen, y nos hacen ver lo minúsculo que somos dentro del Universo.

Qué decir de la furtiva poesía, que desencadena emociones insospechadas en un acomodo de verbos y nombres, pero que son capaces en determinada circunstancia de hacernos despertar en lágrimas, incluso en sollozos.

Son herramientas operativas que nos aproximan a la felicidad plena, pues, es ese bosque lleno de olores, de estaciones diversas, de animales gestuales de ese «libro de la selva» de Stevenson, llevado a la pantalla en cuadros de dibujos animados, no poderosos. Separar el arte de la felicidad va de la mano y se presenta en cada instante y sin esperar, son expresiones genuinas de la naturaleza, valoradas a través de los órganos receptores, los sentidos transportados a los centros de inteligencia, las células. La emoción que da las gracias a todos es aquella que de alguna manera tiene forma, color, timbre, frecuencia, así no es difícil vivir en felicidad.

CÓMO ENCONTRAR EL FINAL DEL TÚNEL

El camino de la vida es un laberinto al mejor estilo de *El minotauro*, sobre todo para el que la vive, se encuentra con multiplicidad y veredas donde pensamos que tomamos decisiones, pero no es del todo cierto, vamos halados con un riel al mejor estilo de los parques temáticos de Disney cuando entramos, en donde están los piratas creemos que el barco se mueve solo pero no es cierto es la cadena de transmisión debajo de este es quien lo hace. Muchas películas tienen final feliz, que en cierta forma lo construimos, o en las telenovelas los malos desaparecen y solo quedan los buenos, los viejos fallecen de muerte natural, y así se van construyendo. Resulta que no hay final, la vida continua con nosotros o sin nosotros, al desaparecer del planeta pasamos a una tierra virtual, que en *la tierra vieja,* la desolada comienza con los recuerdos hasta el total olvido, pasamos a ser una referencia. La evidencia la da Alice Munro, premio nobel de literatura 2013, canadiense, no tolera los finales tristes y el primer cambio lo observo en el cuento de la sirenita de Hans Christian Andersen, cuando la pobre muere y se convierte en espuma.

La referencia no pueden ser los otros, podemos ser felices con una caja de cartón como mesa de noche, y no de ébano labrado del siglo XV, o compartir una cena, o una tragedia, el final feliz existe, está en cambiar el argumento. Despedirnos como si fuésemos entrando, caminar hacia atrás, despedirnos de espalda es la solución.

LOS SIGNOS QUE TE LLEGAN ORIENTAN, EL SOL SOLO OBSERVA

La percepción real está más allá de la ilusión en lo invisible, en lo no tangible, sin irnos a lo metafísico, o a la corazonada tan común entre las mujeres. Todos somos pacientes del alma, nuestro cuerpo da señales que combinadas con las del exterior generan un respuesta, eso tiene un código, que hay saber leer, por supuesto no es fácil pero se puede.

El desánimo puede ser hormonal, o ambiental por falta de luz, las depresiones de invierno tan comunes en los países nórdicos, los olores del recuerdo, la situación en sí, el no ver más allá de la nariz, crea un estado sórdido, difícil de explicar, de aquí no hay más nada. Esa estupidez debemos sobreponerla, pues no hay nada mejor que un día detrás de otro pero más allá de eso sobreponernos a dicha situación, es importante no dejarse arrastrar.

Nosotros somos los que sabemos de primera mano qué nos está afectando, ahora, que nos queramos hacer los locos y que nos cueste admitirlo es harina de otro costal, pero ir dejando ese asunto de lado tiene consecuencias en el tiempo impredecibles, pues a medida que estamos más viejos ocurren mayores desafíos, y se hace difícil salir, o es más doloroso.

NO MALGASTES ENERGÍA EN SITUACIONES IMPOSIBLES

Muchas veces sin darnos cuenta nos ponemos tercos como mulas, o soñadores en demasía sobre eventos que conocemos, pero de antemano sabemos que no van, esto causa desagrado, tensión innecesaria, que termina proyectándose sobre nuestro cuerpo con enfermedades extrañas o transfiriendo nuestra angustia a los demás, lo cual de manera inconsciente nos aleja de la sociedad en que vivimos. El apego a algo es inútil, lo que va a ocurrir sucederá. La pérdida lo dice la palabra en sí misma, es un gasto, que probablemente vamos a necesitar mucho más adelante, entonces estaremos cansados para enfrentar las buenas nuevas. Sabemos de antemano lo imponderable, la muerte de un ser querido, es cierto el debido respeto, el recuerdo, la admiración por su pasado, el sentido de la ausencia, pero hasta allí, necesitamos seguir viviendo y además de ser felices poner el grano de arena necesario e indispensable para hacer felices a los demás, el trabajo es sacarle la sonrisa a un niño, a un anciano que lo ha perdido todo y está sumido en sus pensamientos, quiere decir que la misión la tenemos, ahora que no la pongamos en práctica es harina de otro costal. No nos imaginamos cuánto nos necesita la humanidad, para todo, desde aquellos que descubren por azar o por perseverancia algún medicamento, o un instrumento para hacer mejores las cosas en el tránsito por la vida, hasta aquel que recoge la basura para que no tengamos virus, infecciones, ni nada por el estilo y que el contacto visual sea de príncipes. Todos tenemos un valor inimaginable.

> El apego a algo es inútil, lo que va a ocurrir sucederá. La pérdida lo dice la palabra en sí misma, es un gasto, que probablemente vamos a necesitar mucho más adelante, entonces estaremos cansados para enfrentar las buenas nuevas.

APRENDE A ACARICIAR

La mejor manera de aproximarnos a nuestros semejantes sin rodeos innecesarios es a través del roce físico, lamer, tocar es la parte animal, una necesidad que se tergiversa por la cultura, pero dado que somos gregarios, no es el apabullo, o el tocar carnal sexual ese es importante pero a su momento, es cuando la sensualidad tiene un sentido, poner a vibrar los cuerpos da una sensación de placer inconmensurable. Los masajes, depende de quien los haga y cómo los ejecute, por supuesto que tiene su tinte de sensación erótica implícito, queramos negarlo o no. El contacto de piel a piel depende de la cultura pero siempre es necesario, que si los besos prolongados de los franceses, el doble beso español, el apretón de manos da mucha seguridad, estamos juntos en esto, no nos abandonemos unos a los otros, hay que vencer las reglas estéticas y éticas, hay que ir más allá, que se sienta, no que se intimide, pues eso produce una descarga de energía de lado y lado, la idea es que la humanidad sea una sola piel.

> El contacto de piel a piel depende de la cultura pero siempre es necesario, que si los besos prolongados de los franceses, el doble beso español, el apretón de manos da mucha seguridad, estamos juntos en esto, no nos abandonemos unos a los otros, hay que vencer las reglas estéticas y éticas

LA PERMANENCIA

¿Qué es importante para ser feliz? Indispensable y básico es ser tomado en cuenta por nuestros congéneres, nadie es feliz solo, esa es una de las mentiras más abominables, los ermitaños siempre han sido y serán enfermos mentales, de hecho en las figuras, las historias, las leyendas, esa soledad dibujada nos los muestran como una bata larga que se arrastra por el piso, una barba descuidada y la mirada perdida, lo gregario prevalece. Como no podemos inmovilizarnos como estatuas, debemos entonces trascender, para ser felices es primordial, el hecho es que todos queremos tener nuestro minuto de fama, como lo digo el estadounidense precursor del arte POP, Andy Warhol (1928-1987), estrellas de rock, artistas, tener una posición privilegiada en base algunos atributos que nos diferencian de los demás, pero se puede trascender en mucho menor grado, en conexiones mucho más profundas y menos vacías, como la de una madre y un hijo donde el padre no porta, o de dos presos que comparten una celda común, la fama no es la verdad, en lo externo pareciese, pero no es coincidencia que muchos terminan en drogas o alcohol, pues no entienden lo que les sucede, la fama tiene la soledad como compañera, no se dan cuenta que el hecho de la vida es inalcanzable y son pobres tontos durante un determinado periodo de tiempo, y lo que es vivir lo han dejado de lado por ese afán desmesurado de dinero y fama efímera, para lograr objetivos o brincar sobre escalones de papel que al final no resisten, para fumar una colilla de cigarro, el hecho es que ser feliz tiene otras connotaciones, podrán criticar que es conformismo, pero no es así, arroparse hasta donde la cobija llegue, valorar cada momento sencillo con una elevación casi sagrada, esas alegorías llenan de amor al corazón todos los días, y sobre todo sin darse cuenta, pues no se consigue en los supermercados, no hay manera de comprarlo, pues la moneda es una invención del hombre sin sentido, hasta ahora no le conozco ninguna ventaja que no sea la inmediatez.

HAZ EMERGER LOS CONFLICTOS OCULTOS

Todos sabemos lo que molesta una piedra en el zapato, o una brizna en el ojo, un fastidio que no cesa, como el verdugo aplica la famosa tortura china de la gota de agua que cae permanente sobre la frente en el cuerpo inmóvil, hasta que por parecer eterno, confiesas. Mientras más rápido suban a la superficie y emerjan esos conflictos, mucho mejor, pues la piedra del zapato se hace polvo, mientras este dentro de la media esta hibernando. Los conflictos tienen odio impregnado. No les cuesta nada flotar.

> Ser feliz tiene otras connotaciones, podrán criticar que es conformismo, pero no es así, arroparse hasta donde la cobija llegue, valorar cada momento sencillo con una elevación casi sagrada

CERRAR CÍRCULOS

Muchas veces no sabemos qué hacer con nuestra vida, probablemente porque estamos buscando un camino y no logramos montarnos sobre él, posiblemente no queremos aceptar que existe, y quizás si por alguna circunstancia lo logramos no se parece al que teníamos en nuestra mente. Aquellos que hemos pasado por el síndrome de la muñeca Barbie, con el que jugaron nuestras hermanas, primas etc., la imagen proyectada la familia perfecta. Kent, el marido correcto, bien vestido, el golf, el carro, Barbie sus vestidos, su cocina, su casa, amigos más jóvenes etc. Ese es el esquema del retrato, es una fotografía de la vida, pero no es así, es como vaya viniendo vamos viendo, la vida es disfuncional, circunstancial, está llena de sorpresas, algunas nos parecen muy buenas y otras muy desagradables, pero al fin y al cabo, hay un secreto, tócate el corazón y siente que vibra como el celular, seguimos respirando y es lo importante, tenemos un papel, como en una obra de teatro, fungimos de malos, de buenos, como actores de reparto, y a veces tomamos el papel principal, por eso el teatro es extraordinario, pone escenas de la vida cotidiana. ¿Qué es cerrar círculos? Todos esos avatares en el camino vienen solos, no los buscamos, vienen con la edad, con las circunstancias, con la familia en que se nace, el lugar donde vivimos, las costumbres, lo importante es cada evento, no pasar la página, pues al ser un libro puedes tener la tentación de devolverte y abrirlo de nuevo, no es cerrar filas, es meterte dentro de tu propio mundo, en una caverna, no, en algún momento tendrás que salir y te vas a encontrar con lo mismo o con algo parecido, es comprender qué te molesta y por qué, no es fácil averiguarlo, es como un barquilla de dos sabores, y tiene un guinda al final del cono, puede ser el mantecado, el chocolate, la barquilla, la guinda o la mezcla de sabores, al identificarlo no debes expresarlo de manera tajante, puedes estar equivocado y herir susceptibilidades, y entonces el remedio es peor que la enfermedad, solo poco a poco y con un tiempo prudencial. Los círculos abiertos de la vida crean desasosiego, angustia, impaciencia, y eso termina en una neurosis repetitiva y circular, el cuerpo, el alma o

los dos, ¿quién puede vivir así? Entonces a eliminar esa broza que te ahoga, dirás que no es fácil, es cuestión de proponértelo, pues es como que te estás ahogando y ves la superficie lejos para tomar aire, pero si haces el esfuerzo recibes la recompensa, el aire tan necesario para vivir. ¿Cómo hacerlo? Primero en lo interno, te desconectas del problema, como aquella *muñequi-*

ta viviente de la serie de televisión con Robert Cummings y Julie Newmar, estaba y no estaba desconectada, es la manera de ver el origen, pues puede ser una manipulación, una viveza o una no comprensión, y eso de sentarse a hablar no funciona, te dicen que sí pero por complacerte, es un mero lenguaje, es la circunstancia la que te hace que cambies o que tu entorno se modifique, inclusive puede ser un resentimiento infantil que te lo proyectan, quieren zafarse de él y entregárselo a alguien susceptible para ese problema, y no hay que permitirlo, simplemente hay que hacerle ver que lo suelte al aire y lo deje ir, sin etiquetárselo, ni echarle la culpa a nadie, solo hay que aceptar que fue lo que te toco vivir, y si se logra comprender vas a avanzar, y mucho, pues las pequeñas supuestas cosas son las grandes. Los círculos cerrados rebotan entre sí, flotan pero no penetran, pueden causar implosiones pero no te afectan, imaginemos unos globos llenos de helio como suben hasta que desaparecen, ese es el acertijo a resolver. Imaginémoslo en el centro de nuestro propio círculo, es el saco rojo de San Nicolás, solo regalos, nosotros sabemos en lo íntimo, quiénes somos, pero nos da miedo preguntárnoslo, pues si tenemos la prospección de que proyectamos ser otros en la búsqueda del ideal nos frustramos, es decir tenemos muchos pajaritos en la cabeza, novelas rosa, series televisivas felices, claro que podemos hacer nuestro propio guion, pero eso sí, debemos empezar por escribirlo no podemos dejar que otro lo haga, pues al final terminamos botándolo a la basura, incinerándolo o rompiéndolo por la mitad, y nos quedamos en medio de la película sin saber qué hacer, así que a trabajar en nuestro guion.

HABLA CON MELODÍA

Hay un arte para hablar, para conversar, cadencia, ritmo, silencio táctico, la expresión, la dicción, para convencer, para las muletillas, o las malas palabras insertas, pierdes la clase, lo originario, desdice quién eres, tan sencillo que es tener el tono adecuado, no palabras preestablecidas que terminan huecas, es la manera como se construyan las oraciones, el ejercicio es hacerlo todos los días como si fuese un idioma nuevo.

Eliminar la frase: «no me salen las palabras, no se me explicar», es tan sencillo llegar al fondo del asunto, la base es la autenticidad, no tener miedo a lo que digan pero sin ser soez ni llevarlo a la manera personal, pues ya parecería una pelea de gallos, alguno pica primero y mejor, entonces no están conversando, están vociferando.

> Para ser feliz, parecerá una mentira, es muy importante cómo poner las palabras en su lugar, te vuelves más agradable.

ENTENDER EL VALOR DE LA VIDA ES ESENCIAL

Vivir de espaldas a la vida es pasar por ella sin contarla, tiene un significado obvio biológico: Naces, mueres. La pregunta obligada ¿cuánto podemos usarla?, qué hacer durante ese periodo, podríamos tomar un camino: El libre albedrio, usar la ola como nos lleva a la orilla, pero si reflexionamos sobre lo originario de ella, como don, el disfrute es máximo, es cierto, pocas cosas podemos cambiar, tomando decisiones, pero esa nevazucar de la torta es suficiente para llenar nuestro corazón de buenas vibras ¿Qué hago yo aquí? Es una pregunta digna, a veces la sensación de extrañeza por donde nos encontramos, como *cucaracha en baile de gallina*. No estamos aquí por pequeño que creemos que sea algo, somos parte de un engranaje de la sociedad, que somos imprescindibles, claro, que ese mecanismo de relojería se va a oxidar, pero mientras funciona hay que estar seguro de que es una misión, y ninguno es más que otro, la individualidad no existe, es un paradigma, un atavismo de la sociedad, como si existieran grados de humanos, uno mejor que el otro, no son solo referencias en una sola dimensión, pero si al caso vamos nos necesitamos entre nosotros para sobrevivir, y eso no ha cambiado desde el hombre de las cavernas, pues todos dependen entre sí, ni superiores ni inferiores, son papeles asignados dentro del reparto de la novela llamada vida, de la que por cierto no podemos ni nos dejan perdernos ningún capitulo.

RECUPERA SIN PREGUNTA, LA NIÑEZ PERDIDA

Nos hablan de tesoros escondidos en el fondo del mar, de entierros de morocotas en casas viejas, nos empeñamos en buscar la felicidad en los más recónditos lugares, resulta que a veces la tenemos tan cerca que no la vemos, como la novela *el pájaro azul* del belga Maurice Maeterlinck, premio nobel 1911, la princesa buscando su príncipe, y el encanto estaba dentro de la jaula de esa ave que todas las mañanas la despertaba. La sonrisa primigenia de la cual te acuerdas cuando no sufrías por nada ni por nadie es tu único y verdadero tesoro, esa fuerza, el secreto es no ser egoísta pues se marchita como las flores, la flor que no ves se muere de tristeza, allí el secreto.

> La felicidad tiene pensamiento e imagen y hay que usar, como los pintores, la perspectiva, ver tres dimensiones donde solo hay dos, colocarse en un punto fijo establecido por el renacimiento en la pintura y lo interesante es que no se deriva de ninguna configuración visual.

NO A LAS IDEAS FIJAS

¡Qué dificulta todo en la vida! La terquedad, no cedo, yo soy así, tengo la razón, a mi no me mueve nadie de mi posición, es decir, romper con los egos arraigados sin sufrir es una solución, habría que tener en la flor de la boca la palabra, «qué más da», además soy algo minúsculo en la sociedad, siempre que no afecte la estructura, el fondo del asunto mientras sea la forma, si te montas en un avión, y compraste en primera clase, y llegado el momento te ponen en segunda, el avión es el mismo, un poco de incomodidad pero llegan al mismo tiempo, y no esperar el próximo vuelo, que quizás nunca se realice.

Las ideas fijas son brutales para vivir, en todos los ámbitos, desde la ciencia, solo pensar que tuvimos un largo tiempo asegurando que el sol giraba alrededor de la tierra. Hay que darle un espacio a la duda razonable, te sientes mejor cuando cedes, bajo la premisa de que no afectará, pues la mayoría de las veces son estupideces, decisiones absurdas, para mostrar una autoridad que se rompe al final, pues no tiene asidero, y además hay que estar claro que es mucho más difícil mantener una posición errónea mucho tiempo.

SOLO SE MUERE CUANDO SE HA VIVIDO

El asunto es muy simple, no te apegues a la vida, además de que es transitoria, del cementerio nadie ha regresado, que sepa yo, disfruta cada día. Dale vida a tu espíritu, no al estilo de la Edad Media, donde se preparaba para recibir la gracia de Dios, había algunos que compraban el pasaje en la tierra, la bula papal, etc., y no entienden que la mejor manera de pasar por estos parajes, por ahora como van los estudios, 100 años como máximo, pero 30 años antes no sabes ni lo que dices, ni por qué estás viviendo, ese extra no me gusta, es doloroso, y ridículo es de la mano del creador bueno, ese te conoce y te ayuda y no deja que tomes los caminos escarpados sino que camines por los bosques sin alimañas, ni hiedras, ni plagas, como un duende flotando.

Morir es demasiado sencillo, solo hay que estar vivo, por más que te cuides cada quien tiene marcado el día en que despega su día, a medida que envejecemos vemos cómo van cayendo y desaparecen de la noche a la mañana, nuestro seres queridos y no queridos, con fama, sin notoriedad, delincuentes, santos, sin explicación, y aun los códigos o las leyes que impone la sociedad: Falleció de esto o de aquello, la verdad qué importa, lo conceptual es que no es ni estará jamás por lo tanto si lo aplicamos a nosotros mismos con una sola reflexión: «Hoy estoy mañana no lo sé», no vivir con esa aprehensión pero tomarla en cuenta para no desperdiciar ningún segundo, eso no quiere decir que no vas a dormir porque te bastaran siglos para hacerlo, sino darle el toque de locura a cada segundo y disfrutarlo, desde reírse de uno mismo hasta de los demás, pero en el buen sentido de la palabra.

> Morir es demasiado sencillo, solo hay que estar vivo, por más que te cuides cada quien tiene marcado el día en que despega su día, a medida que envejecemos vemos cómo van cayendo y desaparecen de la noche a la mañana, nuestro seres queridos y no queridos

Lo grave para el que muere, que trata de preservarse como si fuera una conserva, no se da cuenta que el mundo va a seguir dando vueltas sin él, va a utilizar los objetos y sujetos, y ojalá no lo vea desde arriba como espíritu, una gran decepción ¡que hice! Si es que existe el otro lado, pues sería muy doloroso, cómo fue que todo aquello no pasó de una ilusión, por ello es que vivir es interesante, no hay duda, por los supuestos tropiezos, los distintos destinos, con solo saber que nadie nos puede ayudar a morir, pues morimos solos, así como nacemos solos.

NO A LOS IMPULSOS INFANTILES

Qué ridículo es ver una rabieta en un adulto, no le queda bien, la gente que lo rodea dice: ¿Qué le pasó a éste? Se fumó una lumpia, no, lo que sucedió que es como el pavo que traga sin masticar, ni lo piensa se desespera, esas reacciones sin control tienen consecuencias impredecibles, que te alejan del centro del círculo social, quizás no era lo que querías pero lo hiciste, claro que no estamos exentos a eso, pero en la medida que banalicemos las discusiones nos ira muy bien, pues no puedes estar en ese estado toda la vida, pues te enfermas.

VIVE EL MUNDO REAL

Cuando vemos el mago de la cara de vidrio: la televisión o el computador, estamos entrando en la realidad virtual, empezamos a perder la percepción de los sentidos, y la neurología se conecta directamente y empieza hipertrofiar los mecanismos simples que tenemos para amar, como el abrazo. A través de los brazos y manos, o las piernas cuando hacemos el amor. Las nuevas tecnologías, los últimos avances han desarrollado una estupidez como jugar solo contra una máquina, que desafío, es ese obvio que la máquina te gana, pues tiene más conocimiento acumulado, pero en el tiempo si le das con una mandarria ella pierde, pues no tiene alma, no se puede ser feliz con mensajes de texto, Facebook, con Instagram o con cualquier producto, dejas de percibir lo más sagrado en realidad que viene del creador, de los dioses, *la naturaleza*, pues esa permeabilidad tan bella, ese sentir ese sentimiento sin miedo a poder nadar en el agua salada, no en albercas con cloro, o respirar el aire libre que está contigo hoy, lo expulsas y se devuelve, se va hacia otros confines, reconforta. ¿Es que acaso la electricidad al ser descubierta contribuyo a la alineación del hombre por el hombre? Lo cierto fue que desaparecieron los fantasma, la luz artificial le tomo espacio a la noche, y al sueño, hubiese sido preferible quedarse con las velas, con los muertos y con los aparecidos, pues mientras más aclara más oscurece. No hay nada como un verdadero beso, se siente el éxtasis en la comisura de los labios, o una penetración real de dos cuerpos, es el verdadero clímax, ese conjuro de amor, indispensable para continuar la vida sobre la tierra. Felicidad en el tiempo es eso el acercamiento al mundo real, lo sintético, lo plástico deja atrás la sonrisas, como puede llorar el plástico, solo llora la carne, los movimientos anteriores no tuvieron éxito, los hippies, los hindúes, ninguno, pues el afán de la comodidad destruyó todo, pero ese descanso no es el del guerrero sino un reposo lleno de angustia que sobresalta, lleno de drogas, de todos los grados.

LAS DIFICULTADES SON INEVITABLES ¿CÓMO FRANQUEARLAS?

El patrón de la vida es más o menos el mismo para todos, visto desde un observador lejano o un extraterrestre, el tiempo de vida es muy corto si lo comparamos con los millones de años que tiene la vida sobre la tierra. Solo entendiendo lo breve podremos vencer las dificultades. En principio, derrotar el pasado, sacarse de la cabeza que no debería haber hecho esto o aquello, al final siempre va a ser igual, pues se parece a uno en los primeros juegos de Mario Bros., resuelves un nivel de dificultad, y aparece otro, y la única manera de supuestamente sentirte bien es comparándolo con otro jugador, soy más diestro. ¿Diestro en qué? Te la pasaste jugando y tratando de ser el mejor y dejaste todo atrás, allí se vuelve complicado, pues el tiempo no tiene regreso, por eso la felicidad permanente comienza por darnos cuenta temprano qué significa, siempre se puede ser feliz, pero te queda menos espacio de maniobra.

Solo entendiendo lo breve podremos vencer las dificultades. En principio, derrotar el pasado, sacarse de la cabeza que no debería haber hecho esto o aquello, al final siempre va a ser igual

Lo que definimos como error, no es tal, hay que situarse en el contexto, la edad, el lugar, cómo me sentía, no lo vi, claro para los demás es muy fácil, por eso la frase «ponte en mis pantalones», eso requiere dejar la lucha interior, pues es un versus uno, la verdad que no hay manera de ganar. Cuando esos tornados aparecen nos guardamos en el refugio, pero al poco tiempo, con mucha paciencia y serenidad salir a la luz y entender que lo que sucedió no fue nuestra culpa nunca, sucedió, pues podemos cambiar pequeñas cosas como levantarnos un poco más tarde, o dejar de comer de forma rutinaria un tiempo, pero no dejar de comer. Ver la brizna en el ojo vecino, pobrecito...

VACÍA DE PERJUICIOS AL CORAZÓN

Malas costumbres y tabúes, no existe nada más desagradable que sacar la parte fea de nosotros al público, en principio es lo más rápido, no lo piensas, no reflexionas el daño que haces sustentado en que somos así, o fulano tiene mal carácter, pero es más buena gente, ni lo uno, ni lo otro, es una malcriadez dañina para reconsiderar relaciones. Nadie es perfecto, pero tener ese paradigma, como carta de presentación la verdad es que no pasas de la puerta y nos hacemos los tontos, y pensamos en un por qué nadie nos quiere, pero si arrancas con mecanismos de defensa sin haber peleado, o si son tus amigos, o tienen la idea de ayudarte, es ir con un escudo de perjuicio, con ese no se gana, te aíslas.

El corazón es el centro, dictamina, síguelo, al principio puede ser que piense que te equivocaste, pero si es de cobrar con amor, cobras, pues es infalible el método, no hay manera de fallar, a veces cuesta entenderlo, pues no vamos en principio por lo inmediato y lo visible y no por lo invisible que está por llegar.

AL MAL TIEMPO, PÁSALE POR ENCIMA COMO UN JET

El mal tiempo es un simbolismo, en la vida es un ciclo, unas son de cal y otras de arena, lo interesante es percibir cuándo estas entrando en nubes cúmulos, como los aviones, reducir la velocidad, dejar que la aeronave flote, no luchar contra las corrientes de aire pues podrías romper un plano, adecuar los instrumentos de navegación para soportar el percance, que aparece cuando menos lo imaginamos, saber qué pasará. No hay mal que dure cien años ni vuelo que lo resista.

EL FUTURO ESCUCHA, EL PASADO NO OYE.

La felicidad, es una brizna en el viento del tiempo, que tenemos que tener en el ojo siempre para que nos moleste en el buen sentido de la palabra. El mejor cicatrizante es la existencia, no hay duda, pues crea ambientes, situaciones diferentes que te hacen cambiar cualquier punto de vista y olvidar el pasado, o meterlo en un cofre sin fondo que donde vamos colocando superpuestas mantas calientes que enfrían las otras. En la felicidad hay buenos y malos tiempos, tenemos que tomar en cuenta que la existencia es pasajera pero densa, por lo tanto debemos escudriñar en el origen, de qué está compuesta, para que la receta de vivir tenga un buen sabor. Hay que vivir entre el más allá y el más acá, es decir, en el presente pero con pequeñas desviaciones en el eje del tiempo hacia pero nunca obsesionarse por el pasado, *cuando yo tenía.*

Las vivencias, esos recuerdos que cambian, dan mucha fuerza en la medida que envejeces, te sientes senador de una gran asamblea, sabio, consejero, es cierto, pero en el contexto puramente humano, pues en la medida que avanzamos se habla de modernidad, pero mejor el primitivismo, lo que era simple queremos volverlo complicado, es más, no entenderlo para crear la fe sobre un objeto, ¿quién ha dicho semejante barbarie?, volcarse sobre lo indescifrable solo si pensamos en el futuro como una almohada de plumas de ganso donde debemos depositar y hacer descansar nuestras alegrías, nuestras angustias ¿Por qué? No lo conocemos, entonces para vivir lo mejor es que la responsabilidad la tenga otro tiempo o más adelante veremos.

La historia es acelerada y vivir de prisa en una brevedad es una locura sin límites.

QUÍTATE LA CAMISA DE FUERZA

Vivir no puede ser una cárcel, estar en la prisión, las rejas, la libertad interna es fundamental, esos sacrificios impuestos como los votos de pobreza, castidad y obediencia, no son más que castigos infligidos para que tengan piedad de nosotros. Tenemos mucho miedo al más allá, cuando debemos ocuparnos del más acá, el que está cerca, así seremos felices, eso de esperar a que por ser prisionero de nuestros temores se nos resuelva la vida, podemos quedarnos esperando sentaditos. Debemos estar locos, permitido por supuesto de amor, no detenernos jamás, el manicomio más extraordinario es la naturaleza, truene o relampaguee está allí, no tiene tristeza, hasta en el invierno más rudo tiene su dejo de belleza, pues contiene un por qué.

LA SOLEDAD, UNA OPCIÓN

Es muy importante el compartir, por lo gregario el ser humano no puede permanecer solo, es una vil mentira la del ermitaño de los cuentos infantiles, el asunto es no vivir con personas que pueden ser excelentes solas, pero cuando se unen se vuelven toxicas como el ácido sulfúrico o el acido nítrico, una mezcla fuerte, de allí una expresión de uso diario, «cerca y lejos», es decir, lo necesario, por supuesto si en el devenir de la vida consigues las personas que tengan los mismos puntos de vista, respeten los espacios maravillosos, no hay que asustarse sino tienes que asumir que no lo lograste o no lo has logrado.

La paz es difícil de conseguir, pues estamos afectados por el medio circundante del inconsciente, por ese pasado que amarra, peor si lo estigmatizas, lo deseo, lo quiero, nada me perturbe, sin ser asceta y sin salirse de los límites de la socialización puedes comprender a los demás, inclusive sin exigirlo, solo con dar el ejemplo los demás lo copiarán, siempre hay *ese no se preocupa de nada*, *ese es un chupa flor*, no es cierto, solo que entrar en la vida interior produce símbolos externos parecidos a los locos o los que usan para salirse de la realidad, narcóticos, sustancias, que mientras dure el efecto maravilloso, pero cada día necesita más para sentir ese reposo.

La paz es difícil de conseguir, pues estamos afectados por el medio circundante del inconsciente, por ese pasado que amarra, peor si lo estigmatizas, lo deseo, lo quiero, nada me perturbe, sin ser asceta y sin salirse de los límites de la socialización puedes comprender a los demás

La sociedad consumista no quiere que seas feliz, pues eso significa dejar de comprar de todo, necesitan mantenerte a raya en plena angustia, llegando al límite de adquirir mascaras para gases venenosos, atesorar comida como si fuera una guerra y guardar dinero, porque el mundo se va acabar, y quiero una vejez feliz, que estupidez humana, la que debe ser feliz es la juventud, los mejores años.

VIVE EN COLORES

El color siempre ha sido para la alquimia el ingrediente del asombro, esa magia la hace la reflexión y difracción de la luz, ese bullicio de colores nos hace ser felices, no en vano las películas en blanco y negro con su escala de grises dan un toque de nostalgia, de tristeza sombría, que hace el lenguaje y la fotografía como tal, lo más importante de la trama. Esa percepción visual enriquece la vida, detectar la fuente de vida que es la luz, descomponerla e interpretarla tiene un valor incalculable, somos el prisma del amor. Siempre que vemos una película con un final feliz no hacemos más que enternecernos, porque no estamos allí, pero si es tan sencillo aquello que tenemos la dicha de tener esa filmadora permanente llamada visión es gratis y que esta prendida casi todo el día, por qué no disfrutarla, primero que tiene millones de mega píxeles, y luego puedes seleccionar qué ver. Si ves un accidente y nada puedes hacer, solo que seas el primero en llegar, detenerse ver qué sucedió, mirar el horror, es meter basura en nuestro corazón, sabemos que existe y que llegado el momento, como un capítulo de la película de vida, enfrentarlo, pero no tener la morbosidad para sufrir, ya tenemos bastante con el peso de nuestro morral.

ENCUENTRA LA LUZ

A veces confundimos éxito, entre comillas, con felicidad, el éxito, la mayoría de las veces es efímero, pues lo confundimos con la fama, es cierto, ¿a quién le amarga un dulce?, pero resulta, que esto trae consigo una alteración del ego, te lo crees, piensas que eres superior porque te conoce todo el mundo, porque te leen, porque elogian tu belleza, por tu dinero, qué se yo, pero en esencia, lo que te vas es cargando de una dosis letal de soledad, de incomprensión, de caprichos a la vista, y lo más grave, estás desnudo frente a los demás y no te permites ser tu mismo, pierdes la esencia del perfume que te puso allí. Descuidas con creces el sustento de esa construcción que empieza horadarse por las bases. Estás pendiente del círculo lejano al núcleo pero que sin darte cuenta se desvaneces, y empiezas a gritarles a todos: ¡Epa, aquí estoy yo! Ese disfraz del éxito relativo crea una angustia desproporcionada, no puedes volver a lo sencillo que fue lo que te hizo grande y en donde te sientes a lo ancho. Lo colectivo siempre da sus frutos así no seas el jefe de la manada, o el director, no tengas responsabilidad ese dicho «haz el bien y no mires a quien» es increíble, pues eres el juez de tu propia conciencia. Si cada paso se comparte, entonces corres hacia la felicidad, cuando regalas cómo te sientes, sobre todo comparte de lo tuyo, pues ese desprendimiento es la esencia del ser, vuelves a renacer y obtienes quietud. Lo logrado en soledad tiene una carga de egoísmo, de secreto, *cobro por lo que sé*, entonces qué dirá tu epitafio, *el secreto se lo llevó a la tumba*. Ser diáfano, siempre tendrás de tu lado la sombra de un gran árbol frondoso, pues, ¿por qué un árbol tiene geotropismo positivo, qué busca? La luz.

La ventura da fuerza, es una droga de la felicidad, todos los momentos son apropiados, no se hable de suerte, sino de buena suerte, con pata de conejo o sin ella, el amuleto es uno mismo con llavero y todo.

EL MOMENTO DE DESPERTAR

Creo que nos pasa a todos ¿Que estoy haciendo? Nada sale bien, por donde meto la cabeza un trancazo. La respuesta la tenemos dentro de nosotros, estamos en un túnel sin salida, en una calle ciega, es imposible salir, nos toca devolvernos un poco y tomar otro camino, la manera es sencilla, te detienes, apagas los motores, giras 180 grados primero y luego enciendes, no de una vez, paciencia, espera, recapacita, el tiempo permite que pase algo, no se nos olvide enfriar la máquina. Se necesita que el motor esté a temperatura ambiente y eso nos hace verlo muy claro todo. Cuando duermas no te lleves la preocupación encima, así no hay descanso posible, preguntarás cómo hacerlo. Soy una persona responsable, y mañana amanecerá igual, no si pones el *reset*, seguro se te ocurre algo diferente, que puede parecer absurdo, como ir al trabajo por el lugar más lejano, llegar tarde, esos pequeños impactos mueven el espectro y no estás en la calle de rutina, quién sabe si en esa vuelta cambia todo, es hacerle vericuetos, pequeños pero efectivos. Son pinchazos de despertar. El momento de tomar decisiones es la primera idea que se te venga a la mente después de dormir, pues no estás cargado de la rutina, no de los problemas que te aquejan, esa flecha que te llega tómala en cuenta y de seguro no te equivocarás, pues tiene la intuición y la supervivencia junta, no tanto del punto de vista material, sino en el tiempo esa decisión que no se sabe por qué la tomas dará su explicación por si sola más tarde.

> Cuando duermas no te lleves la preocupación encima, así no hay descanso posible, preguntarás cómo hacerlo.

Cuando piensas que estás en vigilia es cuando estás más dormido.

LA APUESTA

Cuando entramos para jugar en un casino, nos creamos expectativas de ganar, o que llegara el golpe extraordinario de suerte, cambiar el modo de vida, un momento y ¡zas! .Se acabó la angustia, puedo realizar mis deseos, o más allá de ello satisfacer mi ego monetario. Estamos entrando a una lección de vida, ruletas, con muchas fichas, mucha gente con los ojos puestos sobre donde se coloca la bolita de marfil, la expectativa el giro, si ganas una exclamación de euforia que delata que te sientes superior y afortunado, y los otros observan podría haber sido yo, la digitalización de las cartas en cualquiera de los juegos, el sonido que brilla y tintinea de las máquinas traganíqueles, o los mismos dados cuando pisan el fieltro verde ¿Qué buscamos? Ganarle al azar, pero con el correr del tiempo ningún jugador gana, pues la palabra lo contextualiza, es un juego ¿Cuándo ganas entonces? Si tomas un poco de cartas de *blackjack*, no arriesgas tu capital, en este caso tu salud, uno que otro trago, observas la gente, sus atavíos, sus edades, el cigarro que degrada, la vida misma, la música, los *cashier* cambiando papel por fichas y viceversa, las luces, es el teatro vulgar de la vida. Así somos y así vivimos, unos más, otros menos, *a nadie le amarga un dulce*, es como que los aviones pequeños se caen, pero cuanto darías por tener uno o montarte en él, estadísticamente son más seguros, pues los automóviles en una carretera de doble sentido van de lado a lado a 120 km/h suman una colisión posible de 240 km/h.

El glamour, el *charm*, vale la pena, para ser feliz, parece fatuo pero tiene la virtud de elevar los sentidos y los conecta con los sueños, que es el momento perfecto, por supuesto bajo un marco de elegancia, que es la serenidad frente a cualquier evento. Todo en exceso es dañino.

¡ÁBRETE! ERES EL BOTÓN DE LA ROSA

Si dibujamos la felicidad como un árbol, según los hindúes, la vida, sus orígenes asociados a personas, animales. Según los cristianos el árbol del amor de la verdad del Edén, y según lo hebreos, la vitalidad, podemos tomar en parábolas que es la fertilidad en sus varias etapas, la raíz, el tallo, las hojas, las flores, y luego el fruto que termina en semilla. El rostro es la flor, levántalo, la luz cuando nos baña es la que estimula la apertura, el movimiento nástico que produce las semillas del amor. La diferencia entre un botón y una flor es que a priori ella sabe que le queda poco tiempo, que se va a marchitar, y saca fuerzas inimaginables para dar la belleza a plenitud. Nunca olvidemos, somos flores y no nos damos cuenta, que la muerte es el final de estar marchitos, y venga en cuenta que también desaparecer por una pertinaz tijera que nos corte y nos aleje de los floreros, y de la poca agua por donde calmamos nuestra sed, y terminamos enhiestos, acostados, listo para tomar el carro de la basura. Ya pasó el evento, no funcionamos, cumplimos el papel, por lo que es difícil mantenerse como flor, nos usan y nos descartan, saberlo es poder. No importa el color rojo, amarillo, violeta, la forma, los pétalos, ni el tiempo de permanecer en la palestra de la belleza, solo que fuiste flor de varios días.

LOS CUASIPARAÍSOS

Una pregunta frecuente: ¿Dónde está la felicidad? Todos la perseguimos, la anhelamos, la escudriñamos debajo de las piedras como si fuera un objeto o una situación, no la tantees más porque existe y te rodea, es el éter, la quinta esencia, no es más que comprender lo que está sucediendo y por ello disfrutarlo más, pues ese momento que parece efímero colocarlo en grandioso, para retratarlo o grabarlo en la memoria de los sucesos extraordinarios, y cuando estemos tristes por otra razón, falta de éter, explorar ese recipiente infinito, y lograr lo apacible de la vida.

El paraíso, un jardín extenso, bello, donde animales, plantas y los elegidos, el par, Adán y Eva, conviven en un vergel, el lugar idílico. Nuestro entorno sin medio abrir los ojos es el Edén, así queramos negarlo por esa dualidad que si hay bien existe el mal, pero ojo imaginemos un lugar no infinito pero con bordes, la separación empieza medio mal hasta que se vuelve aviso, entonces mantengámonos cerca del centro, y si se puede, por ejemplo, si es de comer, no necesitamos millones de manzanas, sino una o dos, las que pida el cuerpo y ordene el alma, pues las otras en algún momento se pudren, y qué hacemos con el mal olor, el paraíso debemos disfrutarlo como si viviésemos en un hotel con todas las comodidades, pues para dormir lo que se necesita es sueño, la naturaleza lo provee todo, hay que dejarla que haga su trabajo, ella, aunque no lo crean, sabe.

El paraíso no es sinónimo de cielo, el paraíso es aquí abajo y el cielo allá arriba, para los que se van, el paraíso huele, se puede comer, es muy simple, es lo que rodea o perciben los sentidos conocidos y los desconocidos, si ves el mar y te regocijas en él, estás en el nirvana, si haces el amor y copulas extraordinariamente, también, y podríamos hacer millones de ejemplos, una *Coca-Cola* con sed, una buena cerveza, un abrazo deseado, todos esos pequeños paraísos hacen el todo, por lo tanto no hay que buscarlo, pues convive con nosotros. Dentro de ese paraíso buscarse en Dios más cercano, que te entienda, al que no le tengas miedo, pues si no le ocultas las confesiones íntimas y de eso se trata de decírselo todo.

EL ANIMAL SATISFECHO

¿Quién va a decir que no le gusta que le pasen la mano? Lo acaricien, no en exceso, pues es como los dulces que empalagan, sino en el momento justo, además con ritmo, como si el filtro de piel no se crispara, ni diera escalofrío, en fin de cuentas somos animales, no nos aquieta nada más que una verdadera y autentica ternura. Lo hosco no conviene, «cuidado que es un ogro», es lo más sencillo siempre que sepamos cómo hacer que ese animal que tenemos dentro se aquiete, esté tranquilo. Hay que estar seguro de que no intente mordernos en sentido figurado, lo mimoso, las palabras dulces, el tono, una música para tus oídos, que se vuelve adicción, pues es como la canción el pasodoble de los 1960, de Manolo Escobar, *ni se compra ni se vende el cariño verdadero.*

Somos felices con poco, no es saciarnos, pues el cuerpo se fastidia de tanto exceso, es llevarlo con calma. La felicidad animal tiene que ver con la intuición, cuántas veces hemos visto un perro gruñendo a una visita, se siente incómodo, alguna energía circundante no le gusta, así se disfrace protege al amo a su manera. Hay que saber hablar con los seres humanos, como si fueran animales, no domarlos, pues claro que obedecen, pues está la amenaza, el látigo virtual atrás, pero el día que desaparezca el fuste se comen al domador, no lo olviden de allí esos cambios de actitudes, en algunas personas, ¿qué le paso? pero si no era si, se le veía tan tranquilo, no, era un sonrisa fingida llena de aprehensiones, que cuando se libera es mucho más peligrosa que ser rebelde desde un comienzo.

> Somos felices con poco, no es saciarnos, pues el cuerpo se fastidia de tanto exceso, es llevarlo con calma.

SIÉNTATE EN LA MESA DE JUEGO

Hay que ser un ludópata de la vida, no tener miedo a jugar y jugar, al fin al cabo a nadie le importa, pues cada vida es un camino, a veces interceptado, donde se juega contra la casa, es la muerte a la cual le apuestas cada segundo, y siempre ganas, poco, pero ganas, pues estás vivo, el asunto es cómo ganar más. La manera obvia es apostar más y no pararse de la mesa, el que se para pierde, te sustituyen, hay que entender que la vida es movimiento, la sangre hay que tenerla caliente, es como los escualos necesitan moverse se mueven para estar vivos.

La felicidad es la presa a perseguir, se mueve de una manera sorprendente, debemos predecir su desplazamiento para atraparla. En la carrera cuando miras hacia atrás ves obstáculos salvados, miras adelante y se ponen cada vez más altos, poner entre ceja y ceja, si no volabas entonces volarás. No sabemos de lo que somos capaces hasta que lo logramos, a veces estamos tan aprisionados por nosotros que no lo creemos, o le damos un voto al libre albedrio o a la buena suerte. No, no es la suerte, es el momento, pero hay que buscarlo, nadie te va a venir a solicitar a tu casa para proponerte matrimonio o para darte un negocio, tienes que marchar, que es lo mismo que no levantarse de la mesa de juego, mientas estés jugando hay ganancias y pérdidas.

ANTICIPA LO QUE VIENE

Cualquiera a diferencia de los animales, posee una intuición social. Estamos sometidos a voluntades que no sabemos de dónde vienen, pero existen. Los temores calculados son salvavidas del barco denominado vida. Miedo tenemos todos, a nadie le gusta morir y menos en la víspera, primero porque no conoce, no sabe qué hay detrás de esa persiana que se mueve y se levanta con el último aliento. De allí los famosos tres deseos que se le piden al mago de la ánfora, o el último suspiro del criminal, que generalmente es prender un cigarro para meditar entre el humo , saborear la nicotina, respirar el alquitrán, para luego desaparecer. Todos queremos que nos recuerden, como si con la evocación nos pondría de nuevo a cenar con ellos, que estupidez, ya te fuiste, es que te fuiste. Por ello anticipar, no por los teoremas de lógica o por los seguros médicos que nos desangran, hay una razón más allá de lo cuántico, algunos lo llaman adivinanza, que sabe, pero es que mas allá de eso, nadie espera la muerte sentado, en términos peyorativos, ella llega con su guadaña, te recoge y chao.

> No, no es la suerte, es el momento, pero hay que buscarlo, nadie te va a venir a solicitar a tu casa para proponerte matrimonio o para darte un negocio

Los hebreos, por haber sido perseguidos, han desarrollado como razón social esa intuición, no es que acumulen más riqueza, que sí lo hacen, pero no al estilo de los faraones para llevársela, sino para protegerse en vida, es como los caballos o los perros que se hacen un pelambre para soportar los inviernos.

NUNCA TE PROSTITUYAS

La prostitución, en términos peyorativos, *exhibir para la venta*, es el oficio más antiguo del mundo, un trabajo sexual, el aliciente es recibir un pago, no hay ninguna emoción, ni afecto, imaginémonos, el ser interno cómo se siente después de ese acto, obtuvo por supuesto algún beneficio que mete en el saco del olvido, pero el cáncer que emerge en el corazón, no se cura, ya lo hiciste y punto, pues aunque no lo crean la conciencia existe y es muy fuerte, no te abandona, es como esa persona que quieres olvidar y no puede, esto es, pero es un acto ejecutado. Es cierto que existe la autodeterminación, la libertad o el libertinaje, reglas religiosas... El caso es que si mantenemos nuestra dignidad, en relación con las inclemencias económicas, o de otro tipo, para salir del paso, seremos mucho más felices en la medida de que esa lealtad con el cuerpo y con la manera de pensar se mantenga incólume, no es dársela de mártir y menos de santo, todos tenemos algo de prostitutos o prostitutas en nosotros, marcados por la vanidad, ó por la coquetería o para ser tomados en cuenta, lo que pensamos es que nadie se da cuenta de lo que sucede, y eso es lo que menos importa, es con nosotros mismos, pues a veces se blasfema sin saber los hechos como tales, pero si mantenemos quienes somos, esos vestigios de daños desaparecen.

NO ESPERES, VIVE

Todos los seres humanos estamos aguardando una buenaventura, algo que venga de los seres divinos de la suerte, el príncipe perdido aguanta, todos los cuentos de hadas así lo reflejan, los finales felices, pero si entendemos que la vida es una carrera sin meta, que además en cualquier momento te sacan de la trayectoria sin tu permiso, apostaste por ti, y resulta que ni siquiera terminaste el recorrido. Entonces la sugerencia es válida, mientras vas montado en el caballo, acaríciale la crin, ráscate el oído, quítate el casco protector, haz algo diferente sobre el camino, a tratar de llegar primero, pues es un punto esperado el de descansar en paz solo los que mueren de mucha edad, pues ni se dan cuenta de lo que les está sucediendo, pues la edad, que son los metros de la carrera, 1.200, 1.500, son los que te dicen que hay un final, pero el del caballo cansado. La manera de disfrutar de los americanos, que los vemos en los autobuses de turismo, cientos de cientos, que ni siquiera se pueden bajar, creo que hasta fastidiados están de ver monumentos antiguos, y de que los despierten temprano, ahorran ¿Para qué? Hay un error conceptual, el descanso, el cambio de hábitos deben ser permanentes, pues ya para leer el catálogo, la historia, necesitas de lentes, y no puedes comerte lo que te venga en gana, que si el azúcar alta…

NUNCA MIEDO A LA VERDAD REPENTINA

De repente estamos tranquilos y suena el teléfono con una infausta noticia, la tragedia, de distintos grados, la muerte de un familiar cercano, de un amigo entrañable, o de que has quedado casi en la bancarrota, allí comienzan nuestras angustias, nos estamos quedando solos, no hay manera de compartir, cuántas cosas quise decirle y no pude, al final nos fuimos bravos, ojalá en el otro mundo, si existe, nos contentemos, pues la verdad es que eso sucedió por tonterías, por malos entendidos o por la rebelde juventud. Lo que va a suceder va a suceder, sino veamos los noticieros, muertes colectivas por desastres, suicidios, la muerte de los famosos nos pega más, como la de Diana de Gales, pues hay una relación directa entre fama e inmortalidad, es el héroe el que se va, entonces en quién creer, siento que en esto debemos ser un poco como los filósofos cínicos de la Grecia Antigua, no pragmáticos, pues los sentimientos existen y si los oscureces sin duelo cuando afloran vienen como un tsunami, arrasan con todo y se preguntan los que nos rodean ¿Qué le paso? Antes el telegrama era un amortiguador, pues ya el hecho había sucedido, ya era historia, el asunto es con los medios, es casi en vivo y soportarlo cuesta muchísimo más, sentimos que vamos a morir, pero al final del día nadie muere, siempre nos recuperamos de las desgracias, es muy simple, la supervivencia animal está por encima de cualquier sentimiento colateral.

NO TOCAR CON LAS MANOS SUCIAS

Cuando tanteas con las manos otro cuerpo, modificas, alteras, se produce un sentimiento que va desde el abrazo hasta la caricia, no cuidamos nuestras manos, y son las que tienen la virtud de asir en todo el sentido de la palabra. Palpar, ese roce tan maravilloso que nos pone a besar el cielo.

> Tocar con las manos sucias no debería ocurrir jamás, pues es mentir con el cuerpo por obtener algo a cambio, una hipocresía de la piel.

Las manos son grandes manipuladoras, tanto físicamente como para generar emociones, utensilios que transmiten un lenguaje.

LOS RESENTIMIENTOS MALOS CONSEJEROS

No hay nada más feo, horroroso que un ser amargado. ¿Y qué le pasó a éste? Por todo se molesta, el asunto es cuando ponemos la responsabilidad de lo que nos sucede sobre los demás, qué sentimientos aprehensivos, antiguos, fuertes, existen que te generan ese comportamiento, tiene su parte genética pero identificable, son aquellos malhumorados, pero sabemos que detrás hay un gran corazón. Solo la conexión con ese malestar que te puso así, es una desazón que perdura pero que es imposible de volver a ese momento y decir cuatro cosas, simplemente ya paso, es una mera conjugación de un verbo, una frase, pasaste, ya pisaste, esas cadenas son más fuertes que las reales, buscar las maneras de soltarlas, dicen algunos, que es con el perdón, otros con el olvido. Siento que lo mejor es racionalizarlo y hacer *la mea culpa* pero con una sonrisa en los labios diciendo ¡Qué broma! Así como la palabra de la eucaristía supuestamente te sana, existe, en tiempos de hoy no merece la pena, tenemos cosas más importantes, más bellas, que resolver, y en compañía de gente diferente, pues no es que sea mejor o peor, ni sentirnos bien de la desgracia ajena, o fíjate, viste lo que pasa, al que obra mal le va mal, no es una circunstancia en el eje de la vida en la cual por alguna razón estuvimos involucrados, y lo mejor es aprender, no para repetir, pues como seres humanos tropezamos siempre con la misma piedra. Las emociones negativas hay que erradicarlas, fuera Satanás, casi un exorcismo, pues sino cada día seremos más inseguros, débiles y una incapacidad creciendo para resolver hasta los problemas cotidianos, una parálisis emocional.

El perdón es una patente para seguir actuando, pues la naturaleza misma de cada quien es de cada quien, probablemente un exceso por las conveniencias sociales, «no lo quise hacer», pero por qué no lo pensaste, no hay excusas de ninguna naturaleza, solo los cambios podrían venir si en la racionalización se cambian con un impacto mayúsculo, entonces, no es un perdón en sí mismo sino un cambio de paradigma, es otra persona, nunca la de antes, de la fechoría, un *reset*, como cuando empiezas una relación, el pasado estaba allí y no lo puedes cambiar, entonces aceptaste términos y condiciones, así más o menos es un comienzo, extraño será, pero es un nuevo comienzo.

> El perdón es una patente para seguir actuando, pues la naturaleza misma de cada quien es de cada quien, probablemente un exceso por las conveniencias sociales, «no lo quise hacer»,

El odio genera un resentimiento que crece, se vuelve una enfermedad para el alma, casi un cáncer espiritual, vas muriendo poco a poco, operarlo es despojarlo, cambiar de actitud, quedar a la intemperie, desnudo de sentimientos, y lo bello y extraordinario que siempre hay, la manera de volver a empezar. Esos desprecios viscerales, peligrosos, acortan la vida útil, son abrigos que te pones así haga calor para proteger tu identidad, y que supuestamente no sea mancillada, pero por más que la protejas siempre será descubierta, pues es ley de vida.

CÓMO DEVOLVER LA ARMONÍA PÉRDIDA

La paz interior es un tesoro, difícil de conservar, una de las preguntas más difíciles de responder es cómo hacer para que los acontecimientos no nos quiebren sicológicamente, que nada nos perturbe y seguir en la mesa de juego de la vida, la respuesta: Mantente en movimiento. Fluir como el agua del arroyo, si te detienes te caen todas las plagas, irle un paso adelante a las circunstancias y en esa medida aprender esa gracia, sentir las caricias que te da la naturaleza, ejemplos sobran, si el viento le da un beso a tus mejillas llévalo hacia la caldera caliente donde se cocina el amor, un amanecer, entra de nuevo la luz, sentarte en el banco de una plaza a ver los pájaros volar de rama en rama, corretear, un abrazo cierto, todas esas pequeñas cosas que no las compra el dinero son suficientes leños para avivar ese fuego que genera la calma. Entender que la mentira de vivir está en lo visible, lo invisible conforma el todo, allí no hay decepciones, debemos lograr caminar por ese sendero extraño a veces misterioso que no llega a ninguna parte, y para qué. Lo importante es sentirse bien mientras lo haces, lograr flotar, entender que la meta es la muerte, mientras estés vivo nadie quiere llegar a ella, esa angustia produce infelicidad, el día que llegue entender que no te darás cuenta, nadie se muere en la víspera. La receta para devolver la paz perdida es sencilla, respiras hondo, muy hondo, ves a tu alrededor y te ríes, allí empiezas a recuperarte. Estamos sometidos a la más nefasta guerra, la sicológica, invadidos de información, de ofertas y demandas. No en vano llaman a los medios de comunicación el cuarto poder, esa necesidad inculcada de estar informado es demasiado dañina, el que no sabe es como el que no ve, en este siglo además es evidente. ¿Qué dirán? No estoy a la moda, me dejaron. ¿Y ahora qué hago? La respuesta es evidente, nada, si nada, pues nadie tiene la razón, ese es un invento para convivir pues siempre hay un punto de vista y una explicación, depende del cristal con que se vea. El drama de la vida va cambiando con el tiempo, si envejeces lo ves a lo lejos, preocuparse por lo que no pudo ser, que asunto más absurdo, no somos dueños de nuestro propio destino, solo que la paz interior viene siendo como una manta en ese viaje para que no nos ataque el frío, pues esas bajas temperaturas son muy fuertes, imaginémoslo desnudos, no vale la pena, ojo la cobija no es una concha hermética, debe fluir, pene-

Hay decepciones, debemos lograr caminar por ese sendero extraño a veces misterioso que no llega a ninguna parte, y para qué. Lo importante es sentirse bien mientras lo haces,

trar pero regularse. La tranquilidad espiritual no se compra en el mercado de valores, no la da jamás el millón de dólares anhelado, todos decimos «el dinero de que ayuda, ayuda», es cierto, si queremos saltos discontinuos, solo cuidarlo genera angustia, interna y externa, la avidez de los que te rodean, con sangre o sin sangre, siempre hay una necesidad indetenible, indispensable, y te lo solicitan, «no te preocupes, te lo devuelvo», pronto tendrás un enemigo, así funciona la miseria humana. La paz es sinónimo de equilibrio, de estabilidad, en el *I Ching*, libro de la sabiduría china, lo opuesto es el estancamiento, volvemos de nuevo al movimiento como solución, la paz interior tenemos la necesidad de buscarla permanente no es un punto de destino pues es atacada constantemente, sé que no es nada fácil, es cuestión de proponérselo, jamás a través de la religión, pues tienes que ponerle el bozal de la interpretación.

DESTERRAR EL DOLOR ÍNTIMO

Hemos oído decir que hay daños irreparables para el espíritu, que los llevamos a cuestas, aquellos que han sido abusados siendo menores, o rompimientos acérrimos de amor, desprecio de los padres o viceversa, ¿cómo limpiar las heridas del alma? Así como existe el merthiolate tan antiguo, o las gasas, también, y lo interesante es que si quieres y lo deseas no quedan marcas, solo con proponértelo pues esa frase del filosofo alemán Friedrich Nietzsche (1844-1900) «si esto no me mato me hará crecer», las experiencias que no te llevan a nada hay que desterrarlas, es mejor seguir siendo ingenuo y tropezar cuantas veces sea con la misma piedra. El yo es reparable, ese maltrecho amor propio que a veces tenemos encima, por tonterías, flechas cargadas de odio nos infligen heridas, pues son veneno.

LA FANTASÍA NO TIENE NADA QUE VER CON LA REALIDAD

Fantasía y realidad son las dos caras de la moneda, pero resulta que la vida va de canto, no es sello ni es cara taxativamente. Es decir, sin sueños no hay realidades y tampoco fantasías, ese delgado hilo que las separa es interesante, pues representa la vida misma más allá de lo telúrico o de lo que se denomina, no suerte, sino buena suerte.

PONTE DE ACUERDO CONTIGO

Tienes que buscar que nada te perturbe, algo bien difícil por cierto, pero la intención cuenta, sobre todo la serenidad. Estando tranquilo actúas con mayor tino, proyectas equilibro, ecuanimidad. Enfriar las emociones, amansar al caballo indómito de la pasión, inocularse con una vacuna síquica. El logro es encontrar cuáles son los deseos naturales, esa fuerza le hace juego al destino, sin duda. Trabaja sobre ti mismo, entonces verás los cambios ¿Para qué engañarte? Es de niños, absurdo, sabes quién eres pero te duele reconocerlo. Algunas veces allí comienza tu calvario, conociéndose se puede avanzar, se quitan los lastres, los despojos de los brujos, todo aquello que pesa, sientes un alivio, percibes que puedes respirar profundo, que el mundo es totalmente tuyo, sobre todo despejas los miedos, los temores, y bueno, que venga lo que venga, pero si lo que viene no es lo que esperabas pues no tenemos una bolita mágica, ríete, pero aquello que quedó, atrás quedó, ni siquiera lo destapes, pues te haría más daño, conformarse con verlo desde afuera.

DUEÑO DEL HOY, NADIE, DEL MAÑANA MENOS

Somos unidades indivisibles, eso sí, tenemos puntos de vista en común, amamos, queremos, pero de allí a creer que podemos cautivar a alguien o que nos dominen, muy lejos, en algún momento la rebelión aparece.

Cuando sientas que están invadiendo tu territorio debes con delicadeza detenerlo, pues empezamos a perder nuestra propia esencia y a crear demonios sumamente peligrosos que no sabemos cuándo actúan y por qué lo hacen, una gota de alcohol adicional los pone desaforados. Cuesta entenderlo, por la educación que cada uno ha llevado, con la mirada del otro lo sabes, es una sumisión temporal que puede terminar de romper las cadenas con la muerte del otro, pero al final sufren los dos, pues la comunicación de esencia no se realiza. En trazos grandes pareciera, a los ojos de los demás, que hay un dominio, pero en el fondo los involucrados conocen de la irrealidad de los hechos la dominación, pues con la persona meterse en su mundo interior y hacer barreras le basta. Tu propiedad auténtica es la libertad de manera sostenida, elegir con quién andar o disfrutar, si no se convierte en un trabajo fuerte como el que más, si ya han penetrado tu voluntad, para salirse es como desamarrar los cordeles de los zapatos poco a poco, sin que se den cuenta, cuando acuerden están descalzos y tranquilos, y los pies respirando. Cuando te apegas creas una necesidad que te domina, te vuelves objeto de la propiedad, por eso desapegarse es libertad, el mañana de todas maneras va a venir, no hay nada más exacto que un día tras otro.

COMPARTIR LO POCO

La experiencia dice que en cualquier situación de la vida es suficiente lo que tengamos a mano, querer más es una gula o un deseo, por buscar una seguridad aquí en la tierra cuando somos lo más frágil del universo, en vez de apostar al cielo, que aunque no sabremos cuándo lo conoceremos tiene un viso de ser más seguro, pues no se cae.

LLAMA SIN EXCUSAS

¿Por qué toda llamada tiene que tener un interés? Es tan así que primero empiezan con rodeos, preguntando por la familia, por el trabajo, cómo te va, y luego van al grano, a la necesidad, sea un número de teléfono, sea un favor, una pregunta, sorprendemos cuando la llamada solo ¿por qué me llamas? Por nada *solo para decirte que te quiero*, de manera sincera.

APÓYATE EN QUIEN TE QUIERE DE MANERA AUTÉNTICA

Lo normal y aconsejable es apoyarse en la familia, con sus diferentes grados de consanguineidad, es un apoyo mutuo, que la mayoría de las veces da resultados, pero tiene la dificultad, que no es lo suficientemente confesional, pues esperan de uno o esperamos de ellos ciertas situaciones y concesiones que por sublimarlos no nos damos cuenta de cómo son y quiénes son, con sus defectos y virtudes. Tienes el apego a la sangre que llama, más las costumbres, pues el que le tira a su familia se arruina, pero muchas veces esas relaciones son disfuncionales, y lo que hacen es atraparnos en una red que no nos dejan ser, por tratar de complacer a la manada, cuando lo que están haciendo es infelices a montón. La imagen y semejanza, craso error, proyectar lo que no fuiste en un hijo, y más grave aún, tenerlo para que cuide de tu vejez, amadrinarlo es un crimen. El amor hay que *dejarlo ser*, como la canción de los Beatles, no son las palabras sino los hechos lo que lo consolidan y lo amarran, ni los regalos, ni las ayudas, es algo mucho más profundo, es insertar el momento de desdicha, llenarlo de esperanza y amor, el momento de alegría compartirlo de forma veraz, para ello hay que tener comprensión y colocarse en el lugar del otro, así sea de forma aproximada. La aprehensión, cuando vemos que alguien se nos acerca a prejuzgar, no debe ser, pero son los mecanismos de protección que nos ha impuesto la sociedad, la sangre fría de los otros, pero resulta que si entramos en vacuidad podremos saberlo, sin distingo de edad, ni de raza ni de posición social, esa verdad nos hace más felices, no hay anda más bello que sentirse querido.

¿Por qué creen ustedes que la gente toma de compañía a un perro? Los perros tienen dientes, que la mayoría de las veces parecen sonreír, la cola moviéndose, esa manera de jugar, arrastrándote a hacer lo que quieren, es decir, consentir, ¿es que hay algo más bello que consentir a alguien o regalar, desprenderse? Eso es sabiduría del amor. A veces la gente te quiere pero no sabe expresarlo, como estamos acostumbrados, para ser felices ese llamar la atención hay que comprenderlo, aceptarlo como un gesto mucho más importante, pues viene de forma indirecta, por lo tanto se necesita de un mayor esfuerzo.

No hay ni amigo ni enemigo pequeño, un secreto de la felicidad permanente es tomar a todo el mundo en cuenta, ese nivel de detalle hace felices a los involucrados, para qué tener pena o vergüenza, lo quiero ¿y qué?» Ratificarlo sin babearse, no que las llamadas o los contactos tengan primero una crema de saludo y después pedir la necesidad, eso no es válido, desnuda la intención. ¿Para qué me llamaste? Solo para decirte que te quiero, vale un montón. El día a día en el *te quiero* se diluye, y es por eso lo de las fechas comerciales: día del padre, de la madre, incluso del niño, realmente absurdo, recordar el amor no tiene sentido, el amor existe *per se,* es la fuerza que mueve la gente, las guerras, los desafíos, el fin de año como hito, la navidad para recomenzar, no es lo correcto, es inmediatamente que te das cuenta del error o el malentendido, el tiempo es el enemigo de la relación profunda, pues entran factores externos que afectan y los internos pensando o tomando decisiones en base a supuestos.

No nos hagamos los tontos, alguien nos quiere, por diferentes motivos, ahora que queramos que nos quieran otros, y hagamos la conquista o la posesión, termina mal, pues no es originario, sale de una estrategia, de una conquista, y así como los pueblos sometidos se rebelan pasa con el amor, en algún momento salta la liebre, y no entendemos, pero ¿qué sucedió si le entregaba todo? Consentía, no, el error era primigenio, una conquista, puede suceder que en esos tiempos pero por impacto renazca el verdadero y auténtico amor, pues estamos juntos en esto y esa chispa que no existió al principio sino que fue unos sobre otros, por necesidad, por sexo, dinero, que sabe uno se logra, pero no tiene los lazos indisociables, que lo produce una necesidad «no sé qué me pasa». Esos nudos gordianos de amor son indispensables para marcar la huella, pues producen el ambiente de seguridad para avanzar, no hay nada más agradable que sentirse querido, no es sexo, ni la pareja, un amigo, la madre, el padre, un abuelo, ese nivel de sinceridad amorosa genera en el caldo de cultivo de felicidad mucho sabor.

CORRE SIEMPRE CON LA ANTORCHA QUE TIENES QUE ENTREGAR

Nunca dejemos la antorcha «el robo del fuego de los dioses» en la carrera, es el testigo el logro, viene de Grecia, eso sí, lo más importante es que la llama no se extinga, el azul, el anaranjado, el pebetero espera, eso genera fuerza, hay que llegar, entregar el fuego sagrado, el movimiento a través del tiempo y de los lugares, nos hace héroes casi mitológicos, alados, aunamos a Mercurio el mensajero, a Marte el guerrero, siempre con las constelaciones como historias que cuentan lo que sucederá en el camino.

El fuego de los dioses, la magia es lo que da abrigo, da fuerza, es la luz de la vida después del sol, la llama eterna debe ser pura, por lo tanto, la vida podemos verla como ese recorrido hasta llegar al pebetero que podríamos definir como la muerte física pero que al seguir en permanencia somos nosotros allí representados.

DEL AMOR AL ODIO Y DEL ODIO AL AMOR, ¡QUÉ ESTUPIDEZ!

El tiempo es tan precioso, que no hay nada más fuera de lugar que pasarse la vida peleando por tener la razón, por satisfacer el ego, gané ¿Y qué gané? Creo que ninguno de los que se meten en un ring de boxeo emocional gana algo. Ese cinturón de oro no es más que una correa de castidad pasional, que para conservarlo quien lo detente en caso de la pareja o del niño y el padre, cuesta mucho, pues no debe dejar que se le acerque nadie, está basado en la violencia, y como dice el dicho «la violencia es el arma de los que no tienen razón». Al final, lo que queda los que lo hemos experimentado es una sensación de vacío, y ahora con quién peleo, te reconcilias para comenzar de nuevo, ese ciclo perverso, puedes pasar la vida en eso. El insecticida más poderoso contra el odio es la felicidad permanente, es un estado donde no debes convencer a nadie de cómo te sientes, los demás no son tontos se contagian de la epidemia de amor, siempre que sea sincera y auténtica, tiene sus altibajos, para eso existe detenerse, revisar porque nos sentimos de esa manera, y como generalmente conocemos el origen del problema le echamos Baygon y punto. No es pasar la página del libro como aconsejan, no, pues siempre tienes el libro allí, es mejor leerlo cada vez menos.

> Al final, lo que queda los que lo hemos experimentado es una sensación de vacío, y ahora con quién peleo, te reconcilias para comenzar de nuevo, ese ciclo perverso, puedes pasar la vida en eso.

VIEJO, LIMPIO Y SOLO

La vejez es lo más parecido a un estado del tiempo, a una estación del año, puede nevar con sol, o llover y estar resguardado, pero va a ocurrir como las puestas de sol, siempre que el destino imaginario previsto no se trunque y salgamos fuera de carrera, en la medida que avanzamos poco a poco, se desprenden nuestros amigos, familiares, estrellas de rock, políticos, unos porque se alejan, motivos, discrepancias, mudanzas, formas de ver el escenario, y otros porque les toco definitivamente despegarse de esta vida.

La preocupación fundamental hacia el futuro son los cuidados médicos, pues las enfermedades, los achaques comienzan y la seguridad social en ninguna parte del planeta está muy clara, en este siglo, cada día los mayores son apartados, pues el mundo web sustituye esa fuente de sabiduría, los consejos y las experiencia de nada valen, solo el carácter religioso aun ayuda, la figura patriarcal, el Japón, China y alguna que otra civilización originaria los toman en cuenta como venerables, pero en general, cuando la sociedad se vuelve laica empieza a ser un estorbo por los espacios, por la posible herencia, y que las enfermedades cerebrales ahora cada vez más frecuentes no ayudan, Parkinson, Alzheimer y otras parecidas hacen estragos, entonces son vegetales no apetecibles, son incómodos y el nivel de agradecimiento, cuando los recuerdos se alejan geométricamente, se deshacen de estos en casas de reposo, ancianatos, etc.

La frase «más sabe el diablo por viejo que por diablo» aplica al cinismo de los griegos, pero sin perjudicar, si entroniza que el fin esta cerca, por probabilidad, como vivir esos tiempos. La rutina capitalista ha logrado vender el sueño de trabajar duro toda la vida para al final sin problemas dedicarse a viajar, craso error. Los viajes de la tercera edad, en autobús por el mundo, conociendo monumentos antiguos, cruceros, sin ilusión, despertándose temprano para no perderse conocer el Partenón, o tomar un resfriado o mal de altura en Machu Picchu, los tiempos son los tiempos. La vejez debe llevarse con prestancia, elegancia, ningún descuido, uñas cortas, pelo arreglado. La dejadez en la presentación deja mucho que desear ¿Se necesita dinero para ello? Definitivamente no, pues el

> La rutina capitalista ha logrado vender el sueño de trabajar duro toda la vida para al final sin problemas dedicarse a viajar, craso error.

jabón es económico y el agua igual, esa presentación arquetipal da sensación de fortaleza, no dar lastima, pues de esa manera vamos por mal camino.

En la soledad hay dos compañeros para ser felices, la música que te gusta, y la naturaleza, el solo hecho de ver florecer una flor o una semilla, sea un árbol que nos sobrepasará, da una sensación de sosiego, y puede ser repetitiva, pues miras a los lados y los coterráneos se fueron, cómo no, pues contar tu vida pero no repetirla, a nadie le interesa, si se puede terminar siendo feliz cómo no, no se tiene competencia en el altruismo, no hay nada que perder todo es ganar y ganar, no eres un faraón ni nada parecido para que en el sitio, el sarcófago o las cenizas, el viento, te coloquen frutas, oro… Si el epitafio finaliza con «era un buen hombre» sería suficiente.

Los compromisos terminan siendo un fastidio, es mostrar que estás vivo, creo que no interesa, es más importante disfrutar el momento íntimo, donde transmite esa sabiduría escondida, esos perdones tomados, despedirse sin haberse ido, pero cierras asuntos pendientes, además se tiene la fortaleza para aquello, no queda inconcluso el camino del tiempo.

Es proponérselo, dejar que piensen lo que sea, *ese señor sí ha cambiado*, es decir, modificar el esquema si es necesario eso te hará más fuerte, sobre todo contigo mismo, y para ello no hay que disfrazarse, eso sí, actividades que necesitan de juventud y destreza, ni se nos ocurra intentarlo, pues además de quedar mal te quedará el sabor amargo de ¿por qué no lo hice antes?, esa pregunta entra dentro de la ridiculez, el viejo verde, o andar en máquinas contemporáneas a altas velocidades. No conviene acelerarse, ni dejarse en el olvido, simplemente entender el peso de los años, espero bien llevados.

Entonces hay que encontrar el mecanismo para no acelerar la llegada a la vejez, entendiendo el ritmo que marca la naturaleza; ella posee un reloj, no de esos que conocemos con cuerda, que sincronizan la vibración con un diapasón o un cristal, sino que se atrasa y se adelanta midiendo el tiempo solo por el tamaño de las situaciones.

El asunto del dinero, tienes que ahorrar para cuando llegues a viejo, ¡que mentira tan grande!, primero, nadie te garantiza esa inmortalidad, o ese diagrama de flujo, la vida jamás ha sido así, y ahora menos, las costuras se ven en la cantidad de divorcios, los salidos del clóset, no es libertinaje, sino que la humanidad al menos se dio cuenta de la atemporalidad en el vivir, entonces para cuando lo va a dejar, ni los ricos duran más, ni los pobres duran menos, es un asunto genético ambiental y síquico y de entropía, entonces es sabio salirse del personaje Jean Valjean, víctima en la novela Los Miserables de Víctor Hugo de esa persecución a la cual estamos sometidos.

El viaje al más allá de los faraones, lleno de frutas, oro, tesoros, saqueados por facinerosos frente a la mirada impertérrita de la momia encerrada.

BUSCA OTRO DOLOR

Es muy simple para no «Morir de amor», como en la película francesa, donde la protagonista principal es Annie Girardot, y el sufrimiento repetitivo comienza a ponerse fastidioso, por eso existió en la ropa al menos el luto, el medio luto hasta que se esfuma para disimular, una marca, esta persona está prohibida mientras tanto, es cierto que ese virus se nos mete dentro de las entrañas, como un parásito, nos agobia, duele y bastante, no hay manera de describirlo, sino quejándose con los demás, buscando compresión y compasión, no tenemos ni idea como resolverlo, pensamos que el mundo nos aplasta que somos hormigas que deambulan por el piso, que solo los sufíes nos salvarían, se nos viene encima el mundo, y «de que pesa, pesa», no sabemos lo que nos sucede, nos duele absolutamente todo, temblamos y respondemos a la amabilidad con hostilidad ¿Qué está sucediendo? El dolor está haciendo de las suyas. Los días pasan y ese sentimiento permanece, ¿qué hice de malo?, ¿por qué no me di cuenta?, empiezan a proyectarse síntomas extraños que no concuerdan con nuestra rutina, no dormimos bien, ese dolor no comprendido, tomamos una copa, y las lágrimas ruedan, todo comentario produce una excusa para arremeter con fuerza, con poder ocasional como en el béisbol, difícil de controlar, los dolores neurológicos son excusa para no perder de vista la compasión que ayuda, se vuelve indispensable la palabra pobrecito. El corazón, no el que late, el de los ventrículos, el original, el que vibra sin frecuencia determinada, el que sufre, se ve a leguas de distancia que necesita de otros vientos, y todo comienza por sufrir por algo sublime, dioses, diosas, divinidades a las cuales el temor esta testigo que no te quite el sueño, que no fastidie, pero al final lo mismo. Lo que sucede que al llegar, aires nuevos, hay un cambio, una nueva ilusión por la cual sufrir, sin miedo, pero ojo avizor con la importancia de las esperanzas que son lo que se pierden cuando se llora por el absurdo, aquello se fue, amor pusilánime al ser querido, nada puedes hacer, por lo tanto entras en un estado enfermizo de tratar de recoger lo perdido, es que ni siquiera en un barril de basura consigues lo olvidado, pues lo impregna la otra basura, lo desordena el gato que husmea, sí lo recuperé, pero que fue una bazofia, algo sin carácter que al final termina, huele mal.

El desconsuelo, nos movemos de un lado a otro sin saber qué hacer con nuestras vidas, por eso Tarzan es sabio, en su viaje por las copas de los arboles, no suelta una liana hasta que no tiene otra, eso lo hace fuente en sabiduría, «el rey de los monos», pareciera que el mundo se fuera a acabar, solo pensar que el planeta gira sin tener nada que ver con nosotros, y desde hace miles de años, deberíamos concluir que importamos poco.

Es que no puedes vivir sin él o sin ella, valga la redundancia, no puedes y estás viviendo, que tontos somos, el otro dolor es muy importante, siempre que estemos en religiones cristianas, judaicas o mahometanas, sufrir forma parte del acto, sin ello no hay espectadores. El Eclesiastés lo expresa, unos días y sino mueres, nadie muere de amor, pero si muere por amor, muy distinto, es la lucha por la supervivencia de los seres amados.

SUBLIMA LA REALIDAD CIRCUNDANTE

La realidad en términos prácticos es lo que está allí, no es ilusión y menos apariencia, son los hechos tangibles, si logramos elevarlos tanto, los que nos agraden como los desagradables, nos ponen cerca del sueño, un estado que permite que el cuerpo descanse y no se afecte del malévolo estrés. Todo lo que nos regodea es bello, el tema de la flor de loto nace en el barro pero no se ensucia, esa supremacía, que nada te resbale, espero al elevarlo lo sacas del contexto que te arrastra hacia el hades. Todos tenemos como círculos, realidades diferentes intersectas, la realidad mía dista de la tuya, así estemos muy cercanos y tengamos la misma ascendencia, o el mismo sexo, esa es la parte visible de la realidad, pero allí no radica supervivir o estar feliz es descollar frente a esos tumultuosos torbellinos que nos rodean.

A MI MANERA

Ser feliz a mi manera como dice la famosa canción de Frank Sinatra, «he vivido una vida plena, viajé por todos y cada uno de los caminos y más, mucho más que esto… Claro que hubo oportunidades, estoy seguro que lo sabían, mordí más de lo que podía masticar, y lo hice a mi manera… decir las cosas que realmente sientes…»

EL HORIZONTE, LA LÍNEA QUE SEPARA

Los instintos que son primitivos, desde adentro del ser del inconsciente, sin caer en excesos, podemos elevarlos, transformarlos, hacerlos más aceptables al mundo que nos rodea, para que sean más comprensibles, y quitarles un poco, como descascarar la corteza, que vendría siendo la parte animal y quedarnos con la parte afectiva. El horizonte nos hace suponer, si no hubiese pruebas, como las más evidentes, las fotografías satelitales, que la tierra es plana, pero para lo íntimo del ser humano, sigue siéndolo por la inmensidad, sobre todo si estás desnudo en el mar, o

El horizonte nos hace suponer, si no hubiese pruebas, como las más evidentes, las fotografías satelitales, que la tierra es plana, pero para lo íntimo del ser humano, sigue siéndolo por la inmensidad, sobre todo si estás desnudo en el mar, o con poca ropa en un desierto, sientes que algo mucho más grande te cobija.

con poca ropa en un desierto, sientes que algo mucho más grande te arropa. El horizonte es la pantalla de cine para reflexionar sobre qué estamos haciendo con nosotros mismos y con los demás. Buscar es aquietar en esa explanada, es maravilloso, pues comienzan despertarse una cantidad de sentimientos que permanecían dormidos y que afloran a la superficie frente a tal majestuosidad.

EL AMOR NO SE DECRETA

La clave, el flechazo, los puntos coincidentes, no sé qué me pasa, tomar el teléfono y llamar sin motivo aparente, la sonrisa que no viene al caso, ese envoltorio de situaciones crea algo que se sale de nuestras manos, es muy difícil de manejar, pues cada uno de nosotros da una excusa diferente que nos satisface a nosotros mismos, y creemos que estamos cumpliendo con el precepto constitucional, que es un decreto, y que nadie se da cuenta de lo que nos sucede. Preguntamos a los demás por no dejar, ¿qué te parece fulano? ¿No lo ves como muy viejo para mí?, o viceversa, ¿él no está gordo?, ó ¿tiene un mal humor increíble?, pero está bueno. Son solo ardides del amor para justificar una situación que se produce de por sí y que es inevitable cuando es genuina, entonces solo debemos subirnos en esa ola, la canción *Wave*, que interpreta de manera magistral Frank Sinatra, y no bajarnos, pues es el momento de encontrarse en sintonía con una onda que nos es radial pero increíblemente espacial. Cierto, es difícil llegar a ese clímax mutuo, pero debemos creer en él, es una cosquilla que no se aparta de nosotros, y/o se mantiene en alerta como si la copulación fuera lo más importante, el asunto es mantenerla, y no logrado el objetivo caer en el tedio, allí bien la alimentación que es de parte y parte no por necesidad material sino espiritual. Sentarse en el algoritmo mágico es la comunión de cuerpo y alma.

Decretarlo como en un manual, es un grave error, pues si tiene dinero, si es bella, si me la bucean, hablando en términos nuevos, el macho o la hembra quedan en esto la pareja perfecta, pero no toman en cuenta los sentidos no descubiertos, intuición, porque se conectan, esos avatares legales traen desasosiego y después difíciles de resolver, una angustia permanente para mantener lo que ya era una distensión, una hipocresía interna y externa, que terminas en la vida sin saber lo que realmente deseaste, unidos por vínculos sociales y pragmáticos, por miedos producidos.

El pensamiento popular que dice *el amor y el interés fueron al campo un día y más pudo el interés que el amor que le tenía*, funciona por tiempos, pero después te obstinas y vienen los problemas, pues no hay una verdadera comunión o comunicación en la pareja, pues es como una operación de compra/venta.

LIBÉRATE DEL DESTINO IMPUESTO

El destino es inexorable, de hecho la oración «nadie se muere en la víspera», todos nos preguntamos ¿Es que acaso podemos cambiarlo?, no lo creo en dimensiones macro, pero sí las pequeñas cosas que son las que nos hacen felices, a nadie le amarga un dulce, no es comenzar de nuevo, pues no hay tiempo, pero sí podemos modificar actuaciones que nos hacen daño y las hacemos por pensar que somos actores de un gran teatro, donde si nos ponemos a ver no hay público, ni trasciende. El destino, según, es ineludible e inevitable y se contrapone al libre albedrío, ese hilo que conduce la vida siempre tiene la fatalidad de la muerte, entonces hagámosle triquiñuelas, que pase de largo, no es esconderse y meter la cabeza como el avestruz, sino simular ser un árbol centenario que no lo derriba el viento más poderoso, y que este viento pase y salude. Buscar profetizarlo como consecuencia del pasado es absurdo. Nada va en línea recta, hay cambios de dirección, de inflexión, sube, baja, inclusive se da el tupé de ir de derecha a izquierda o viceversa, ¿es que acaso los remolinos no existen en sentido contrario? En esa carrera de obstáculos, tómate un tiempo para tomar una fotografía de ti mismo, no un final de fotografía, pues no hay meta.

LA PAZ NO ES UN PREMIO SORPRESA EN LA CAJA DE JABÓN, ESTÁ ENTRE LA PIEL Y LA ROPA

Todos pensamos cuándo llegará la paz, dónde se encuentra, como si fuera una sorpresa o un premio que nos ganamos, por el cual debemos dar gracias, por lo afortunado de vivir en uno u otro sitio, resulta que la paz como está con nosotros, en todas las religiones, lo que en los chakras es alinearse en la vida, la oración, es una actitud, imperceptible casi tonta, o entre dormir y estar despierto, con la cual podemos caminar incluso ante los momentos más difíciles, una fortaleza interior que nos hace avanzar, ejemplos sobran: Nelson Mandela, Mahatma Gandhi, el conde de Montecristo, el encierro, cual quiera que sea, es un lugar de meditación.

CUANDO TE ABURRES CONTIGO

Imaginamos que el hecho de estar solo significa que nadie nos solicita, por lo tanto la soledad angustia. La parte biológica es pertenecer de la manada como tal, somos gregarios por naturaleza y es una necesidad fisiológica, como si fuéramos un mismo cuerpo, ese aislamiento permanente, el del ermitaño realmente es una enfermedad, a nadie le gusta estar solo, es una vil mentira, los que lo hacen es por resentimiento o están enfermos sicológicamente, una neurosis bien identificada, pero es tan poca que son personajes exclusivos de novelas y películas. Esa actitud individual de alto riesgo les hace creer que además de inmortales serán tomados en cuenta por el resto de la recua. El asunto se vuelve grave cuando las circunstancias nos obligan a estar solos. Las enfermedades son un ejemplo claro de esto, son un problema, pues te visitan por cumplir, pero al final se olvidan del enfermo, pues nadie quiere estar amarrado a un problema, sino a una solución, la cárcel igual, esas cuatro paredes con rejas incluidas nadie las quiere, van pero con un prurito, como si nos fueran a dejar allí o en el caso del hospital si nos fuéramos a enfermar, y el más grave, el del cementerio, sientes que llaman del mas allá Para ser felices tenemos que entender cada uno de esto actos y saber que son más de lo mismo, hospital, cárcel, y cementerio, son paradigmas para quedarte solo. La soledad es mala compañera, pero obligar a otro para sentirse acompañado es peor, lo mejor es la naturalidad para tal efecto, *quiero estar contigo porque quiero*, y que del otro lado de la autopista sea igual, no va diferencia de edad, ni raza, ni sexo, es algo muy simple, se llama complemento, sin saberlo exactamente tienes lo que yo no tengo, y tu lo mismo, por lo tanto, nos necesitamos. La pregunta es cómo ser feliz estando solos, lo fundamental es que esa soledad no fue programada sino que sucede por diversas razones, cambios de lugar donde comenzaste tu vida, obligado por las circunstancias no buscadas, eres el pico de la pirámide, tus amigos se fueron casi todos, es decir, diferentes ángulos de soledad.

Esa incapacidad de establecer relaciones, si la ponemos en la olla de la reflexión, al revisarla sabremos por qué, y en contra de ello actuar, es demasiado sencillo, sin dejar nuestro *yo* de lado, es solo cuestión de contacto, de gustos, de maneras de ser, hay para todos, solo debes saber identificarlo, los ejemplos sobran, en el trabajo, lo que le gusta a cada quien, en el arte, en el sexo, por algo se juntan, todos tenemos un fin inmediato común, acercarnos. Complicado es cuando la soledad es impuesta, distorsiona el tiempo, que es como el marco de una pintura, nos toca rápidamente cambiar de algoritmo, jugar en otro tablero, si es una pared de un color, o de otro, lo que tenemos al frente, ver las grietas, los diferentes semitonos, es decir, sacarle el jugo a lo que hay, por eso es un vil represalia castigar a un niño y ponerlo entre dos paredes en ángulo, la esquina no tiene manera de desarrollar sus aptitudes así sea por unas horas, piensan que ese tipo de maniobra hará que el niño cambie, lo que pueden estar creando o empollando es un monstruo, con deseos de venganza, lleno de resentimiento, pues le coartan su libertad, lo más precioso, los zoológicos, el contraejemplo animales tristes, gordos, así son los seres humanos, que por motivos religiosos encierran, confinan a sus congéneres femeninos, mujeres, o por presiones sociales viven en guetos, la soledad es antagónica con la libertad en cierta manera, el deseo de estar solo es plausible cuando se trata de una necesidad para tomar energía, impulsos, *el hilo de Ariadna*, en la mitología griega lo explica ¿cómo encontrarnos? deja la huella, el hilo de oro del ovillo es la soledad, que une el cuerpo con el alma.

A medida que envejecemos, la soledad se vuelve mucho más difícil, *lo que hemos dejado atrás*, no hay recuperación posible sino recuerdos a veces borrosos, pero sobre todo cuando llegue a la mente, sonreírle, y ese paisaje lejano, malo o bueno, como una tontería que juega la vida.

VE LO INVISIBLE, NO LO VISIBLE

Invisible, por definición lo que no puede ser visto, resulta que en nuestro paso por la vida hay muchas cosas que nos negamos a ver, así estén en frente de nuestra cara y nos abofeteen con el viento, y esa acción de invisibilidad está allí y nos causa estupor, miedo, pues es como una sombra que nos rodea, un halo maligno o benigno, pero que nos negamos a descubrir, pues tomaríamos el riesgo de que fuese desagradable, y lo poco que hemos tenido se desaparezca de verdad lo que creemos tangible, visible. Lo cierto, como dice el adagio «caer está permitido, levantarse es obligatorio» que se abra todo, como una flor y que aparezca el fruto. El pragmatismo, ver más allá, nos permite avanzar, es una intuición controlada, aparecen los detalles, es como ver la vida a través del lente de un microscopio, nos asustaríamos de la cantidad de organismo unicelulares que están en el submundo, pero lo más seguro es que esa acción de observarlos, ese nivel de detalle, nos hace tomar mejores y mayores decisiones, hasta donde se pueda. En el detalle está la diferencia, dicen que no hay duda, puedes desenrollar la madeja por una pista, no buscada por cierto, sino tener la posibilidad de evaluar, vamos a estar claros, estamos plagados de errores supuestos todos los días, que no son más que vivencias, experiencias, que gustan a uno y a otros no, y si es bien para nuestro gusto ¡Enhorabuena!

Muchas veces queremos oír la palabra amor todos los días, pero son solo palabras, como la canción italiana de Leo Chiosso y Giancarlos del Re, *las mentiras a escuchar mientras el otro habla, no es mejor los hechos que nos rodean cada día llenos de amor, de protección real.* Lo visible está allí en todos los sentidos, no te da mayor información que el contacto en todos los conocidos, pero en *lo otro* está la verdad existencial de todo.

Esas circunstancias que nos rodean nos permiten decir que lo que observamos en realidad sabe más de nosotros de lo que imaginamos, somos un pequeño huevo a punto por nacer, la cascara sabe más, la idea es hacer que emerja lo invisible, lo oculto que nos aprisiona los aspectos rechazados, esas cadenas, tiene algo de psicoanálisis pero va mas allá es comprender que nuestro cuerpo es un teatro viviente con escenario butacas y todo, lleno de publico todos los días por lo tanto, debemos ese artista para de algún modo darle un nombre ponerlo a trabajar y que todos lo miren, y no solo eso que lo aplaudan.

Muchas veces queremos oír la palabra amor todos los días, pero son solo palabras, como la canción italiana de Leo Chiosso y Giancarlos del Re, *las mentiras a escuchar mientras el otro habla, no es mejor los hechos que nos rodean cada día llenos de amor, de protección real.*

EL MISTERIO GOZOSO

Creer en el frenesí que posee la naturaleza e introducirse en ella, es una magia cuando lo disciernes es una extraña pero deliciosa locura. Tiene el carácter de otro plano de conciencia, pareciera una droga a los ojos de otro, ¿qué le pasa? Nada, entendió el verdadero significado de que el corazón aun le late, pues se disfruta.

NO POSEAS

La frase correcta: «nadie es dueño de nadie», comprender conceptualmente dicha acepción da mucha fuerza para ser testigos de lo que le sucede a cada quien y tomar por si solos nuestras propias decisiones, que nos equivocamos, es posible, pero depende del punto de vista que se vea.

El poseer por amor, esto es mío, los tesoros déjalos en los cofres, su lugar de origen, además, de acuerdo a las historias trae maleficios, al igual que las conchas del mar, que hacen a los corales trasladarlas estas arrancando algo que no es tuyo ni jamás será tuyo.

TEN SENTIDO COMÚN

El sentido común es una de las herramientas más poderosas para transitar entre abismos, los caminos empedrados de la vida, es sabiduría popular puesta al servicio de todos, es juzgar con cierta razón lo que beneficia a la mayoría. Tiene implícita la supervivencia sin darnos cuenta ¿Qué hacer? Piensa con la cabeza, tiene la potencia pasiva, el sentido originario. Es muy difícil equivocarse y más arrepentirse, cuando acudimos a este sentido basal nos genera mucha paz, y estamos juzgando con cierta razón lo que se nos presenta.

AMOR ENTREGADO, NADA QUE VER CON AMOR RECIBIDO

Cuando el amor de manera fugaz toca las puertas de nuestra alma, nos decidimos sin ver hacia atrás, sin pensar en poner todo el poder en función de alguien, es decir, una hipoteca donde el acreedor es el amor deseado, el asunto grave que ese tenedor de la deuda puede ser que la venda al mejor postor, y quedamos sin nada de que asirnos. Parece natural, es más hormonal, se trata de deshacernos del compromiso y otorgárselo al otro, craso error, pues nadie puede manejar la vida de uno, mejor que uno, es más, por más que trate, y lo que estamos dándole al otro es una tremenda responsabilidad que en el tiempo nunca podrá cumplir. La mayoría de las veces nos entregamos, fue nuestro destino, por algo nos conocimos, el cruce de miradas, el comportamiento, nos gustan las mismas cosas, esa emoción intangible que florece a flor de piel no tiene medida, el asunto difícil es que como no hay órdenes de magnitud ciertas entras en las estadísticas y al poco tiempo todo es diferente, pues parece que es insaciable, y siempre tiene hambre exacerbada, no se conforma, una búsqueda permanente, sino, no estás conforme contigo mismo, qué quedará para los demás.

> Parece natural, es más hormonal, se trata de deshacernos del compromiso y otorgárselo al otro, craso error, pues nadie puede manejar la vida de uno, mejor que uno, es más, por más que trate, y lo que estamos dándole al otro es una tremenda responsabilidad que en el tiempo nunca podrá cumplir.

ANDAMOS DE PASEO CON UN ROTTWEILER CON CADENA

A veces decimos, es tan difícil ser feliz, siempre hay algo que lo impide, que si esto que si aquello, eso nunca va a cambiar, sin pertenecer al gremio de los cínicos podemos lograrlo, con solo estar pendiente y andarle con cuidado, imaginemos que salimos a pasear por el parque más maravilloso del mundo, césped, cascada, clima, paisaje, pero con un rottweiler, con su cadena y todo. No por ello vamos a dejar de divertirnos o de disfrutar, cuando veamos que el perro pone cara de pocos amigos estiramos la cadena para que no nos llegue, no hay remedio, la vida es así. Un ojo abierto y otro cerrado, soñar, cómo no, pero no dormirse en los laureles. Eso tendría graves consecuencias, que el animal se suelte, o se venga contra nosotros mismos.

REGRESA AL PRINCIPIO CADA VEZ QUE SE PUEDA

En el pasado no había nada más interesante que sobrevivir, todos le teníamos mucho temor a los fenómenos naturales, la interpretación, eran dioses, que de acuerdo a la percepción moral de cada uno traían desastres para un pueblo o para una persona, a los rayos, a los truenos es decir a los fenómenos naturales, los animales y las plantas eran parte del medio ambiente, salir con el garrote, luego el hacha de sílex, a buscar el sustento diario, pues no había nevera, la cuevas eran más o menos iguales, húmedas, lúgubres, pero no de dos pisos ni con aire acondicionado, es decir la desnudez de la cultura.

Para ser feliz se necesita la sonrisa genuina, me imagino que la del cromañón o neandertal, a nuestros ojos del siglo XXI nos daría miedo, temor, solo porque no hurgamos en el interior de quien se ríe. Los chinos, por ejemplo en general, no tienen una sonrisa genuina, es una manera de expresión de la cara, una sola. Lo primitivo es ingenuo, es real, verdadero, el niño lo es, cada día descubre cosas, ¡que mentira tan grande de que todo está descubierto!, por decir, los aviones llegan a los cien años, los celulares a los cincuenta, son tecnologías que acortan los tiempos de comunicación pero que son realmente necesarios, no lo creo, solo generan impaciencia y angustia en todos ¿En dónde estás? ¿Por qué no me llamaste? Y ahora con la tecnología GPS, si la reunión de negocios es un hotel, tremendo lio.

> Para ser feliz se necesita la sonrisa genuina, me imagino que la del cromañón o neandertal, a nuestros ojos del siglo XXI nos daría miedo, temor, solo porque no hurgamos en el interior de quien se ríe.

VAS MUY RÁPIDO, DETENTE

Cuántas veces hemos estado en una situación con una muchacha que queremos cortejar, y nos dice con cierta delicadeza, vas muy rápido, démonos un tiempo para conocernos, en todos los ámbitos es lo mismo, esos movimientos impulsivos no dejan nada bueno, pues no nos impregnamos del verdadero amor, la huella se mete en el barro y no deja ese jeroglífico para siempre. Muchas veces nos hemos arrepentido de nuestros actos, por la manera intempestiva de cómo lo abordamos, a veces no queda de otra, pero la mayoría de las veces ese *delay time* es importante, nos acerca a una buena decisión. Detenernos en una reflexión o una nano meditación, pero crucial, puede cambiar el ritmo de nuestras vidas, pues esas intersecciones son las que nos hacen tomar caminos diferentes, por supuesto, nunca sabremos que hubiese sido si seguimos rectos, pero si con ese cambio nos sentimos un poco mejor ¡Enhorabuena!

EL QUÉ DIRÁN, QUE SE ESFUME

El ser humano es gregario por naturaleza, forma parte de una manada, siempre con el mismo fin, subsistir, los gansos cuando vuelan lo hacen en forma de V, para aprovechar mejor las corrientes de aire, al igual que los elefantes se colocan en circulo para evitar los ataques de los depredadores, y nosotros para conservar la aceptación seguimos un patrón de conducta que va desde la moral, hasta seguir cierta manera de comportarnos, así en el fondo no estemos de acuerdo pero que complazcamos a los demás estaría bien. Resulta que el estar protegiéndonos de la homogenización de patrones de conducta nos pone en situación de estrés, y nubla nuestros pensamientos, en cambio si logramos desarticular el qué dirán, eso sí, sin darle cabida al ego, como yo soy así», o frases desafiantes como «y qué, no me importa» sino de una manera perseverante, firme, buscando un objetivo, sentirnos bien con nosotros mismos, clave para mantener sosiego, ingrediente, el coctel de la felicidad.

EL AMOR INTERACTIVO

La concepción equivocada del amor, tropezamos pensando «tanto amor doy tanto amor recibo», esto es un poco más complicado, probablemente el amor que se le da a alguien en especifico, o a muchos en general, no venga del mismo foco, tiene algo de karma, y nos cuesta entenderlo, pero si me he portado bien con tal, le he dado mi vida. Bueno, le digo: Usted perdió su vida o el tiempo alrededor de esa persona, ojalá fuera así, pero es muy diferente, trabaja como una correlación de fuerzas, de repente recibes un llamada o un saludo de alguien que recién conoces y se impregna de tu aura y te ayuda, te quiere, incluso te ama, y aquella personas donde hicimos todo el esfuerzo solo llevamos frustraciones, por eso de amarrarse no va del todo bien, pues son estamentos legales y nada más, que nos cohíben y nos reprimen.

Veámoslo así, esa energía llegará, pues tiene el sentido de pertenencia, da vueltas como las abejas van a las flores pero regresan al panal, lo que tenemos es que producir miel, allí el secreto, y siempre habrá merodeando esos gusanitos sonrientes haciendo carantoñas.

CONCENTRA LA ENERGÍA PARA EL CLÍMAX

La vida, imaginémosla como una masa de energía que vibra, pulula, que se sabe que está viva, pero la manera de recogerla hacia una dirección, es dirigirla hacia el objetivo propuesto, el punto de mayor intensidad, de una serie creciente, la culminación. De esa forma aceleras y la mente se concentra, la angustia se disuelve, pues al menos sabes qué hacer, no te encuentras en un callejón sin salida, o esperando que algo suceda.

NO HUYAS DE TI

Una de las dificultades apremiantes del ser humano es no saber dilucidar el problema que se le presente sea de salud, económico, de amor, pues lo vemos con nuestra lupa, y esa tiene un aumento no definido. Los problemas hay que enfocarlos, para poderle tomar una foto de alta definición y intentar resolverlos, no en vano dicen que todo tiene solución menos la muerte, y la de uno, pues la de los demás es fuerte, se pasa el dolor, y la vida continúa.

Huir de nosotros es concentrar las energías negativas alrededor, sin dejar que se expandan como el cloro que se diluye al entrar en contacto con el aire. Mientras más desnudos estemos más claridad habrá para tomar decisiones, a veces huimos hacia adelante, con seguridad encontraremos una pared, otros meten la cabeza como el avestruz, esto no es conmigo, pero al final cuando la sacan encuentran el ambiente, sino igual con mayores dificultades, el movimiento y el tiempo pueden ser tus aliados o tus enemigos.

Huir de nosotros es concentrar las energías negativas alrededor, sin dejar que se expandan como el cloro que se diluye al entrar en contacto con el aire.

LA AUSENCIA DEL PRÓJIMO HAY QUE RESPETARLA

El prójimo es el cercano, aquel semejante al que debemos y tenemos que darle solidaridad, ese eco que produce la manera como lo juzgamos tiene un eco que tiene veneno, daña eso de hablar por las bandas como en el billar no está nada bien pues el tapete sabe el recorrido y siempre llega al origen.

NO TE CONVIERTAS EN TU SOMBRA

El error más grave del ser humano es estar pendiente de sí mismo, como si fuera una unidad asilada, todo el tiempo sobre el espejo, y no se da cuenta que al verse al día siguiente es otro y todo cambia, la sombra hay que verla, por supuesto, pero solo cuando la proyectes al sol, no madures los tomates, por medio de los químicos pierden su esencia.

CAMBIA CON EL IMPACTO

Muy simple, imagínense una situación como esta, vamos caminando a tomar el metro, y de repente, estando distraídos, sin darnos cuenta, nos encontramos de frente con una señora entrada en años, lleva en sus manos una Coca-Cola en un vaso gigante de McDonald's, impacta contra nosotros, y derrama el líquido sobre nuestra camisa, que hasta ese momento era blanca, íbamos ilusionados, apurados a una cita importante, nos toca aceptar disculpas, y regresar a cambiarnos, esto crea una desconfianza con quien nos espera para la cita pues excusas sobran, que tal si la persona que nos entrevista piensa que nos quedamos dormidos, pasó el tren y la nueva cita no se dio. Ese imponderable, por supuesto que para resolverlo, la próxima vez vamos a andar con una camisa blanca en el maletín.

El mecanismo de defensa, de nosotros los agraviados, de utilizar, «no me convenía», es poner en el tapete de lo que va a suceder sucede, y así podemos ir dándonos auto excusas a lo largo y ancho de nuestra vida, hay que ir un poco más lejos de esto, es una tontería pero de cada impacto, por pequeño que sea, debemos aprender primero a absorber la cantidad de movimiento, los golpes enseñan, decían nuestros abuelos. Hijo, los átomos permanentemente intercambian energía y producen otro estado de cosas, así sucede con nosotros, frases: «Nunca me lo hubiese imaginado, que mala suerte tengo, solamente a mi me pasan estas cosas». No, no es así, te quedas en tu cama y parecerá inverosímil pero se sube un escorpión a la cama y mueres, o de repente tiembla y el edificio se cae, miles de situaciones, pero si sales vivo de eso, toma la cantidad de energía que lo produjo como un aprendizaje, una experiencia que hace la piel más atenta, o más dura. La muerte de un ser querido me cambio la vida, y ahora qué hago, la vida es un espacio vectorial no cambia, uno sí, nuestra actitud para sobrevivir, pues es inexorable que suceda algo, donde aquello que parece que nos marcó con tinta indeleble parezca una brizna de paja en el ojo que no sale con nada, en el tiempo es un recuerdo, una nostalgia, pues impregnó de alguna manera nuestro andar.

El impacto, como el que separo la luna de la tierra, tiene consecuencias impredecibles, es un choque violento, en el caso de cada uno de nosotros nos afecta y también el entorno causa un efecto profundo por lo sucedido. Allí vale el detalle, y conocer la magnitud del cambio, ya nunca será lo mismo, entonces busquemos lo mejor, no se volvió añicos, pero no por ello se puede reconstruir el rompecabezas de la vida, las piezas no encajan, pues el tiempo se mueve, aunque las juntas se dilatan, con solo lograr armar de nuevo pero un nuevo paisaje es suficiente, pues lo que vale es que encaje y perfecto, ya vendrán otros choques, pero no hay que esperarlo, cuando vengan resolveremos.

LA TEMPERATURA, ¿CÓMO TE SIENTES?

Preguntarnos nosotros ¿cómo nos sentimos?, a veces en la mañana, ó el sol en el cenit, o quien sabe al caer la tarde o en una madrugada de insomnio, es muy importante, sí, tomarnos la temperatura del amor, esta cambia bruscamente, esa pregunta reflexiva da mucha sabiduría, pues concluye en qué nos gustaría hacer que esté a nuestro alcance. De repente llamar a un amigo, para saludarle, sin ningún motivo más que ese, ponerse al día, no tan largo que fastidie sino tomar tiempo de los dos para reconfortarse en una comunicación definitivamente necesaria entre seres humanos. A veces amanecemos tristes sin conocer el motivo, quien sabe recordarnos de un dolor una herida que no sanó bien y dejó cicatrices, entonces hay que echarle la pomada correcta y acercarnos a los asuntos positivos que nos hacen sentir bien, y no encadenarnos sobre lo que no fue, o se esfumó, «cuando yo era… porque no lo hice, no estuve allí», esa imagen de que somos dioses, borrémosla, somos hormigas, solo con ver una noche estrellada nos damos cuenta de lo que somos en el tiempo, polvo cósmico.

LA ETERNA AVENTURA DE VIVIR

Vivir ya de por sí es una hazaña excepcional, respirar, moverse, observar lo que nos rodea, tiene de magnánimo, ahora, si a esa experticia le ponemos *chile*, es decir un poco de riesgo maravilloso, un aire de picardía que haga crecer la adrenalina, tan necesaria para la estimulación física y sicológica. Esa acción incierta, lo emocionante, *La eterna desventura de vivir* de la canción poética de Vinícius de Moraes *Sé que voy a amarte, yo sé que voy a sufrir*, pero resulta que sarna con gusto no pica, como dice el refrán. La vida además de genuina es una lucha bella, es simple afrontar la adversidad, pero con ingenio y destreza, y entender lo eterno de esta, los sucesos comienzan, nunca terminan, es sin tiempo infinita.

FASCINA, NO TE VUELVAS ENCANTADOR DE SERPIENTE

No uses las escamas para arrastrarte, el ofidio es un símbolo de profundas concepciones cosmogónicas, astuto, envidioso y proclive a desobedecer.

EL SIGNIFICADO

La vida es un espejo, es una superficie pulida donde al incidir la luz esta la refleja, para entenderla y darle significado, hay que hacer como los antiguos sacerdotes antes de entrar a los templos y tabernáculos, se veían en él dechado, y cada quien podía detallar sus imperfecciones. El espejo te refleja la realidad, entonces tomemos esto como punto de partida, las preguntas de la reina de Blancanieves, no esperando la respuesta que queremos, sino las auténticas, las originarias, esas nos dirán en dónde estamos parados, saberlo da tranquilidad, disminuye las angustias. Ver a través de este los vaivenes, y con sabiduría y prudencia trazar una pequeña ruta, hacia donde vamos, no sueños, pues se convierten en dardos de recuerdos. En principio absorber a través del orgullo de estar vivos, el reconocimiento de que somos alguien y no algo.